「ブラック企業」とゼッタイ言わせない

松井式 超！働き方改革

社会保険労務士
松井一恵

プロローグ
法規や規準が変わっていたのを知らずにいた。それが現代の「ブラック企業」の実態です。

「いきなり社員に訴えられた！」

「ブラック企業」という言葉が新語・流行語大賞を受賞したのは二〇一三年のことです。でも、「ブラック企業」という言葉は突然できたわけではなく、一九九〇年代後半には既に存在していました。

ただし、その頃の「ブラック企業」というのは詐欺商法でまがい物を売りつけるインチキ会社とか反社会勢力と結びついて違法行為を繰り返す犯罪集団のことだったように記憶しています。

今ではすっかり一般用語として定着し、「ブラック企業」の示す範囲も広がりました。

「残業が多い」「低賃金」「ノルマが厳しい」「社員同士仲が悪い」「社長がワンマン」等、労働法規を守れていないとか、働く環境が好ましくないものは全て「ブラック企業」と呼ばれるようです。

企業には大変な時代になったなぁ、と思います。

私は社会保険労務士になって二〇年。独立して一九年。

これまでお付き合いした会社は百数十社になります。

そして、いろいろな会社を見てきましたが、共通していることは実はみんな本当に労務に興味が無いこと。

労務管理や人事・総務はバックヤードの仕事で、営業や製造ラインに比べるとどうしても緊急性がなく、社内での優先順位が低いのです。

「一カ月たったら給与を振り込む」が当たり前すぎて意識したことが無い。だから興味の対象にならない。「前のままでいいんじゃない」と思っている間も世界は回っています。

労務に関する法規や規準も変わっている。会社が「以前と同じことを繰り返し」ているうちに……

「いきなり従業員から訴えられた」

ということが起こるのです。

これがほとんどの、現在の「ブラック企業」の実態です。

たとえば、こういう会社がありました。最初のご相談は「労働基準監督署の調査が来て困っている」というものでした。昭和四〇年代に事業を起こし、アパレルの卸売りを従業員四人で営む会社です。

労働基準監督官が最も厳しく追及し、社長が最も抵抗したのは未払い残業代でした。

「法定労働時間は一日八時間、一週四〇時間です」このことはよく知られています。

社長は自分の会社も「一日八時間、一週四〇時間なのだ。だから、八時間を超えた分だけ残業代を払った」と言い張るのですが、一〇年ほど前に作った就業規則には、

「始業九時　終業一七時二〇分　休憩は正午から一三時

所定休日は毎週土、日曜日・国民の祝日」

とはっきり書いてあります。「一日の労働時間は七時間二〇分ですから、七時間二〇分を超えたところから残業代を払いなさい」というのが労働基準監督官の言い分です。私にはこの「七時間二〇分」に心当たりがありました。法定労働時間には特例があります。労働基準法施行規則第二五条の二にはこう書かれています。

- 従業員が常時一〇人未満で、
- 商業、映画演劇業、保健衛生業、接客娯楽業を営む事業場の法定労働時間は一日八時間、一週四四時間までOK

この会社はこの特例に該当する会社なのです。一日に七時間二〇分、月曜から土曜まで一週六日なら一週の所定労働時間はちょうど四四時間になります。昭和の働き方は週に六日が当たり前でした。だから、一日七時間二〇分だったのです。一〇年ほど前、社員から「うちの会社も世間並みに週休二日にしてほしい」という要望を聞き入れて、毎週土、日曜を休日に変更し、「その時に一日の労働時間を八時間にした……はずだ」と社長は言います。ところが、手許の就業規則はそうなってはいません。たかが四〇分、されど四〇分です。社長は普通に働かせていたつもりでしたが、世間的には残業代を払わない「ブラック企業」ということになります。

就業規則の決め方や労働法令の解釈を

「知ってさえいれば、問題にならなかったのではないか」

と社長以上に私が残念に思うのです。もうひとつ、

「知っているけど、どうしたらいいか分からない」

というのもあります。

やり方さえわかっていたら「ブラック企業」なんて言われなかったのに

二〇一八年六月二九日に「働き方改革を推進するための関係法律の整備に関する法案」が成立し、二〇一九年四月から様々な制度が変わっていきます。

「残業時間の上限規制導入」もそのひとつ、

「残業は単月で一〇〇時間未満、二カ月から六カ月を平均して八〇時間以内」

をクリアしなければなりません。それはいつから？　大企業は二〇一九年四月から、中小企業は二〇二〇年四月から……私ここ、いつも悩みます。

大きな改正があるとき、中小企業には猶予期間を設けられることが多いです。従業員の健康被害を考えれば残業を減らしていかなければならないことは間違いないと思います。それなのになぜ、中小企業だけは一年猶予されるんでしょう。

これって、国は「中小企業には二〇一九年四月からクリアするのは無理な内容だ」と考えているってことですよね。では、二〇二〇年四月になれば何が変わるんでしょうか。

高度成長期のように「去年より今年、今年より来年、経済がどんどん良くなります」という時代なら、大企業は先に景気の恩恵を受けるから早急に実施し、中小企業は一年待ってというのも分かるのです。もうそんな時代じゃないのに、景気が右肩上がりになるという幻想のまま、労働政策が動いています。

法律が改正されたことは広報されますが、実現できそうな具体策が提示されないまま、あっという間に一年が過ぎ、時間切れになってしまいます。

「従業員を雇用するためにどういう決まりがあり」

「そのレベルをクリアするコツは何か」

それさえ分かれば、「ブラック企業」なんて言われないし、圧倒的に働きやすい職場になるのです。

私は社会保険労務士として、中小企業の労務管理を二〇年見てきました。事業規模が小さくても働きやすい会社には良い従業員が集まり、定着し、効率的に動くので、業績が上がるものなのです。

業績が上がれば従業員の賃金アップにつながり、更に従業員が集まる良いサイクルが生まれます。だから、

「業績アップも事業存続も顧客満足も会社の規模に関係ない。全ては人。人が動いてこその結果だ。そのために労務管理の大切さを伝えたい。小さな会社の働き方を必ずなんとかしてみせる」

このような思いから、この本を書かせていただきました。

おかげさまで今では多くのクライアントを抱え、一つ一つ問題の解決に向け、アドバイスをさせていただいております。

しかし、そんな私もかつては、無知ゆえ、正真正銘、絵に描いたようなブラック企業に勤務していたことがありました。

無知ゆえ、残念な私の職業人生

私は大阪の堺市に二人姉弟の長女として生まれました。

夢といえば、来世はお金持ちの飼い猫に生まれたい。寝て暮らしたい。

通知表には
「協調性がない」「向上心がない」「根気がない」と書かれるような子どもでした。

親が会社を経営していましたが、末っ子長男の弟がなんとかするだろうとの楽観的な予測のもとに、相変わらずマイペースな学生時代を送っていました。

そんな私でも大学を卒業するときがきます。

「就職活動、ダルい」

でも、親のコネで就職したら、あとが面倒だな……と思いながら、みんなやっているからという理由で、とりあえずOBを訪問したり、面接を受けてみたりします。世間はバブルでしたから、人手不足が後押ししてくれて、協調性も向上心も根気もない学生でも内定はもらえてしまうのです。

一九九一年四月、金融機関に就職しました。

その会社に決めたのは就職活動中に訪問した先輩の一言でした。「金融機関ですから、何があってもつぶれません。お嫁に行くまで安泰だよ」……今ならセクハラ発言確定ですが、当時の会社の認識はその程度のものです。本社が霞が関にあったのもなんとなく安心でき、すぐに就職活動をやめて、グアム島旅行に行ったのを覚えています。

これが地獄の一丁目。

会社はそれから五年後、見事に破綻しました。そう、私が勤めたのは住宅金融専門会社だったのです。何があってもつぶれないどころか、私が「お嫁に行くまで」すらもちませんでした。これが雇われ運のない私の職業人生の幕開けです。

住宅金融専門会社は不動産を担保にしてお金を貸すのが仕事です。貸したお金の利息が入ってくるから、私の給与が支払われます。

バブル崩壊。

私が入社したまさにその年から、不動産の価格が下落しはじめ、ほどなく「失われた一〇年」に突入。バブル時代に無秩序に貸し出したお金が返ってこないだけでなく、利息が入ってこないことをごまかすためにまたお金を貸しました。後で知ったのですが、これは絶対にやってはいけないことでした。それでもどうにもならなくなると担保に取った不動産を売りましたが、貸したお金に追いつきません。

こりゃだめだ。

私は押し出される形で退職しました。不良債権処理のために税金が投入されたので、「住専」は本当に世間から叩かれました。ほとんどの社員が望まない失業の憂き目にあったのに、「元住専」というだけで再就職の面接で嫌がらせを受けたりしました。

「会社は絶対守る。会社を守ることは社員を守ること」

今の私の仕事のポリシーはこの体験からきています。

とはいえ、当時の私はまだ楽観的でした。親に掛けてもらっていた郵便局（そのころはまだ郵便局でした）の簡易保険を解約し、

「夏は暑い。のんびりしよう」

と久しぶりに夏休みを四〇日ほど取りました。

そのうち誰かと結婚して子どもを一人か二人産んで、午後三時に紅茶を飲みながら『家庭画報』を眺める生活が自分の帰着点だと思っていましたから。のんきなものです。

ただ、たまたまそのとき付き合っていたのが農家の長男だったので、イメージがちょっと違ったため、とりあえず再就職。

これが地獄の二丁目でした。

最初からおかしいと気が付くべきだったのです。求人票には「経理事務」とあったので、その会社の経理事務を担当すると思って入社しました。

ところが、入ってみてびっくり。電話代行からホステスさんのツケの回収、チラシのポスティングまでクライアントが「めんどくさい」と思うことをなんでも代行する会社でした。

そのあたり、事業としてはセンスがあったのかもしれませんが、入社してから初めて、「経理事務代行」が私の仕事だと知りました。

社長は税理士でもなんでもない。気分次第で恫喝《どうかつ》は当たり前。試用期間の三カ月は健康保険も厚生年金もなし。「うちの会社は一週四四時間だから」と言われ隔週土曜日に出勤（前述した「特例」にはあたらない業種でした）。

もちろん、残業代はつきません。有給休暇もなかった気がします。あったとしても取れませんでした。それでも、機嫌よく働いていました。

無知だったから。

ただ、無知でのんきで志の低い私でも、おかしいと気付く出来事がありました。二九歳の年末に退職を申し出たときです。

これが地獄の三丁目。

本当に学んだ私。絶対安全、安心はない

「辞めたい」と言ったら、社長がいつものように私を怒鳴りつけました。社長は怒鳴ったら私が黙ると思ったのでしょう……でも、私の方も退職すると決めていたからか、社長にくってかかりました。怒鳴り合いの末、

「今日でクビ。明日から来るな」

と言われた私は、その場で席を立ち、荷物をまとめて会社を飛び出しました。どう考えても冷静な対応ではなかったけれど、そのときはそうしたかったのです。そして、先輩の何人かもそういう辞め方をしていたので、かまうものかと思いました。職場の

風土ってそうやって醸成されるのですね（笑）。

ここまででも相当ブラックなお話ですが、更に……退職後、働いた分の給与が振り込まれなかったのです。私がいくら無知でも、これだけは分かっていました。

「物だけ取ってお金を払わなかったら泥棒。働かせたくせに払わなかったら泥棒と同じ」

私は会社を訴えました。

訴訟中、裁判所がいくら和解をすすめても会社は応じません。会社が折れないなら私も絶対許さない。今ならもう少し柔軟に考えられますが、そのときは必死でした。

当然の勝訴。でも、負けると分かっていた会社は、私に一円も払いたくないというだけのために会社の中身を空っぽにし、訴訟中に会社をたたみました。

そこまで筋金入りのブラック社長だったわけです（今なら仮差押えも考えるけれど、金融機関上がりのくせにそんなことさえ知らなかったのです）。

私はそこでやっと、本当に学びました。絶対安全だと言われていた金融機関だってつぶれるということ。一カ月働いて二五日に給与が振り込まれるのは当たり前ではなく、自分で権利を主張しなければならないこと。そして……

「私は働くこと全般についてあまりにも無知だ」

今は社会保険労務士であり、経営者に

無知と分かれば勉強すればいい。一巡もれなく学ぶには資格の勉強が手っ取り早く、それで社会保険労務士を目指したのです。

現在（二〇一九年二月）、私自身も会社の経営者です。一般社団法人フロンティアという会社です。

業種は介護。「障がい者が当たり前に暮らせる地域の実現」を目指して、生活介護事業所「障害者解放の家」及び「道草」の二事業所を運営し、介護者派遣事業（居宅介護・重度訪問介護及びガイドヘルパー）、四條畷市障がい者相談支援センターの運営等を行っています。

常に人手が足りないと言われている業種ですが、最初に指定を受けた二〇一三年三月から数えて六年弱の間に四〇名規模の会社になりました。年齢分布は二〇代から六〇代まで、やや三〇代が手薄ですが、入社後、ほとんどの者が三年以上勤務します。二〇一八年の正職員の退職者は一名。その一名は闘病の末在職のまま亡くなったので、フルタイム勤務者の退職者は実質ゼロです。

アルバイトで退職した者が三名おりますが、一名は六九歳でした。二〇一九年春には育児休業を終えて女性職員二名が復帰してきます。

給与がほかの事業所と比べて高いわけではありません（介護報酬として売上は決まっていますから、そんなに出せないのです）。仕事が楽なわけではありません。むしろ、重度の障がいをお持ちの利用者が多いですから、困難なことの方が多いと思います。それでも、知恵と工夫と小規模だからこその柔軟さで、社員の離職は防げるのです。「協調性がない」「向上心がない」「根気がない」私でも大丈夫（笑）です。

本書は、私が実際に担当した事例を元に、相談の多かった案件とその解決方法をまとめたものです。ですから、今日からすぐにでも実践できます。お金をかけずに、職場を変えることはできるのです。

経営者はもちろん、労務や人事を担当なさっている方、働く側の方（特に女性や非正規雇用のみなさん）にも知っていたら役に立つ労務管理のコツを盛り込みました。

この本を読んで、実践していただければ職場は確実に変わります。

職場が変われば社員が変わる。社員が変われば成果が出る。成果が出れば顧客からの評価があがり、評価があがれば、より高度で規模の大きな仕事が任されるものです。社業発展の近道は職場の風土改革からです。

中小企業の働き方が変われば日本が元気になる

この本で取り扱う「小さな企業＝中小企業」の定義は以下のとおりです。

製造業・建設業・運輸業その他
資本金の額又は出資の総額が三億円以下の会社又は常時使用する従業員の数が

三〇〇人以下の会社及び個人

卸売業
資本金の額又は出資の総額が一億円以下の会社又は常時使用する従業員の数が
一〇〇人以下の会社及び個人

小売業
資本金の額又は出資の総額が五千万円以下の会社又は常時使用する従業員の数が
五〇人以下の会社及び個人

サービス業
資本金の額又は出資の総額が五千万円以下の会社又は常時使用する従業員の数が
一〇〇人以下の会社及び個人

日本の企業のうち実に九九・七%が中小企業にあたり、労働者のうち六八・八%は中小企業で就労しています（総務省統計局　平成二八年「経済センサスー活動調査」より）。

日本経済を支えているのは中小企業と言っても過言ではありません。中小企業の働き方が変われば、日本が元気になります。だから私は中小企業にこだわります。必ず良くなる、と信じて活動しています。

1 採用
超人手不足時代、どう人材を集めるのか？

この会社で働こうと思わせる

人は履歴書や短時間の会話だけでは分からない

2 賃金
社員がやる気になる愛ある制度の作り方

3 労働時間
バランスよく効率化させる時間革命！

4 福利厚生
お金をかけずに社員の満足度を上げる環境の整え方

5 女性とシニアの活用

助成金と社会保障を使えば活躍のフィールドはもっと広がる

6 ハラスメント
なぜ起こる? こじらせない対処法

1

採用

超人手不足時代、どう人材を集めるのか?

松井 「転職していく人が本当に多くて」に対処する！

「人が足りないなぁ」

二〇一八年、この言葉を何度聞いたことか。社会保険労務士という仕事柄、私が日頃お会いするのは会社の人事や総務を担当する人達です。事態は深刻。社員達にとっては空前の売り手市場ですから、転職していく人が本当に多くて、その相手は自社より大手……だったりします。社長や現場の人よりも彼らこそが人手不足の深刻さをひしひしと感じとっているのかもしれません。

日本の人口は二〇〇八年にピークを超え、減少傾向が続いています。二〇五〇年には一億人を下回る可能性も指摘されています。自然に良くなる可能性はない。

この機会をとらえて、国は外国人労働者の受入拡大に踏み切りました。賛否があるのは知っていますが、何かに踏み切らなければ課題解決の糸口は見えてきません。自社の人手不足問題も同じです。一緒に対策を考えてみましょう。

この会社で働こうと思わせる

必要としている人に確実に情報を届ける方法

二〇二〇年は東京オリンピック、二〇二五年は大阪万博と東から西へ移動しつつ、日本国内のビジネスチャンスも今しばらく好感触。波に乗って業況拡大といきたいところですが、ここでネックとなっているのが人手不足問題です。

平成最後のお正月はコンビニエンスストアも元日は休業、百貨店の初売りも正月三日に繰り延べと、どことなく攻めきれないなぁ、というニュースが飛び交いましたね。

その反面、平成二九年の平均失業率は二・八%でした。この数字は驚異的です。失業率って、どんなにがんばってもゼロになることはないんですよ。その気になれば今すぐ仕事ができる人も「今月は子どもが夏休みだから九月になってから働こう」とか「とりあえず、就職はお正月明けに」とか、サボっているわけでなくても、それぞれの事情で就職をずらす心理が働くことがあるからです。ですから、今の日本は完全雇用状態といえます。

この状態をかいくぐって「この会社で働こう」と思ってもらうには、まず、必要としている人に確実に情報を届けなければなりません。

たとえば、以下のような方法があります。

①ハローワーク

言わずと知れた求職求人の公的機関です。いまさら？　と言わないでください。無料で全国ネットの求人が出せる上に、ハローワークの紹介で社員を採用すると、条件を満たせば助成金がもらえることもあります。なので、募集をかける際には絶対にハローワークにも求人票を出してください。

②インターネットの求人サイト、スマホアプリ

若い人にリーチするにはスマホです。検索・応募が手軽で、全国的に求人情報を発信することが可能です。発信だけでなく、求職者が登録した情報を見て会社の方から直接アプローチをかけることができるサイトもあり、双方向型の求人活動が可能です。

③新聞折込・求人誌

シニア層を狙うなら慣れ親しんだ紙媒体、折り込み広告や駅で配布されているフリーペーパーの求人誌が効果的です。配布地を限定することができるので、地域を区切って求人することが可能です。

④新聞広告

今では一般紙で見かけることはほとんどなくなりました。でも、侮ること無かれ。各業界には業界専門紙があるものです。専門職に限って求人したい場合には、業界専門紙への広告がいまだに有効です。

⑤店頭に貼り出す

店頭に貼り出すことによって、そのお店のファンに直接求人します。お店や会社のコンセプトを理解し、愛してくれている層を雇用することが可能です。

⑥職業紹介

手っ取り早く必要なスキルを持った人材を業者が選定して紹介してもらえます。ただし、採用が決定した場合は紹介料として年収の三割程度の手数料がかかります。

といったところに求人を出していただいた上で、もうひとつご提案があります。レトロな方法ですが、とってもよく効く方法なんです。

縁故（リファラル）採用が注目を浴びている

私は平成二年に就職活動をしておりましたが、バブルの末期で人手不足、労働市場が今と似たような状態でした。

超売り手市場で、同級生は一人でいくつも内定をもらって、その中から気に入った会社を選び、就職活動解禁日にはゲットした学生がよそに流れないように、会社が旅行に連れて行ったりして囲い込みをはかったものです。

その中で厳然と存在していたのが、縁故採用です。私も会社の同期に取引先の社長の娘さんがいたことを記憶しています。

同じように人手不足の今、縁故採用が見直されています。といっても、親類縁者や取引先の関係で能力評価を飛び越えて採用するというのではありません。社員の元同僚や友人、知人といった人的なネットワークから推薦してもらうことによって採用候補者を募集し、その中から能力適正が基準を満たす人を社員として入社してもらう採用システムです。

この新しい縁故採用を「リファラル採用」といいます。「リファラル」とは「紹介・推薦」という意味です。日本ではまだマイナーですが、欧米の大手企業ではこの採用方法はいたってノーマルだそうです。

でも、日本のほうが地縁や人の縁を大事にする文化がありますから、向いてるような気がしますし、最近注目を浴びているのもうなずけるところです。

私が経営する会社でも、この方法で社員を集めています。業種は介護、人の集まらない分野の筆頭です。正直、他の媒体では応募者はほとんどきません。

そんなとき、ある利用者のご家族からの紹介で入社していただいた一人の社員から、元同僚や知り合いのヘルパー資格保持者を紹介してもらって人を確保したのを皮切りに、ヘルパーの輪が拡がりました。

女性のネットワークというのは全く偉大で、コストもかけずに、どこかの会社を退職したヘルパーがいれば「こんな人がいるよ」と会社に声をかけてくれたり、仕事で多少嫌なことがあっても元々自分の紹介した人なので自然に話し合いが持たれたり、辞めるのを引き止めたりと良い効果が出ています。

おかげで何とか介護のシフトが組めています。こういう柔らかな関係は日本型の企業風土と親和性が高いのです。

友人、知人に声をかけ、まずは一人目の社員を入れることが目標

「リファラル採用」の導入手順についてご説明します。

まず、社長と数名程度のプロジェクトチーム（以下、「ＰＴ」と省略）を立ち上げます。メンバーはコミュニケーション能力が高い社員、ＳＮＳでの発信力がある社員、会社とその社業が好きな社員を選びます。会社が大好きな人でないと自分の知り合い

を自分の職場に呼んでこようとは思いません。

そうしてまず、目標は一人目の社員を入れること。期日を切って、友人や知人、元同僚に声をかけ人材ゲットにチャレンジします。

一人目が入社したら、ＰＴのメンバーを増やして二人目の入社を目指します。

二人目が入社したら、全社員に成果を報告し、「リファラル採用」について、全社員に情報共有します。意識してくれる社員が増えれば増えるほど入社候補者が見つけやすくなります。この順番で全社にシステムを根付かせるのです。

ＰＴに選出された社員は通常業務のほかに「リファラル採用」に関する業務を行うことになります。過大な負担にならないように気をつけましょう。

候補となる知人とちょっと一杯のみに行くこともあるでしょうから、採用活動に関する交際費の枠を設けたり、紹介がうまくいって社員が入社にこぎつけた場合は賞与に加算をするなど、払った労力にきちんと報いることが大切です。大事な人手を確保できたのです。

職業紹介の紹介手数料や求人広告代に比べれば額も小さく、自社の社員の収入になることですから、気持ちよく支払えることと思います。

まとめ

ニュースタイルの縁故採用「リファラル」、会社は人材確保、紹介者にはインセンティブ、入社した社員には新しい仕事と、三方に利のある採用手法です。

人は履歴書や短時間の会話だけでは分からない

採用は結婚と似ています

会社が出した求人に応募がありましたら、次は選考作業に入ります。履歴書をもらったり、面接をしたりして、応募者の情報を収集し、採用の可否を決めなければなりません。

私はよくクライアントに「採用は結婚と似ています。面接はお見合いで、入社後は結婚生活と同じようなもの」と説明します。お見合いでは相手の様子をよく見て熟考し、結婚生活に入ったら多少の不都合は見ないようにして円満を目指すのが長続きの秘訣です。ところが、

「面接だとみんな良い人に見えるしね。学歴と職歴、顔と雰囲気を見るぐらいしかないよ」

というおおざっぱな面接をする会社のなんと多いことか。

と書いてはみたものの、実は恥ずかしながら、私自身もかつて面接で何度も失敗しました。

私は二〇代の頃、経理処理の仕事をしていました。その会社では課長職で、部下を持つ身だったのです。

仕事については丁寧に指導・対応をしていたつもりでしたが、部下が退職に次ぐ退職。私の下につく部下の定着率が余りにも悪くて、私は社長を疑いました。ひょっとしたら、社長の人選に問題があるのではないかと思ったのです（今考えれば傲慢な話です）。そこで、面接に立ち会うことを申し出ました。

社長も「お前の部下なんだから好きにしろ」と半ばあきらめの境地で私に面接をまかせました。で、うまくいったかというと……私自身が選考しても結果は同じ。やっぱり、辞める人は辞める。自分が良いと見込んで採用した部下がランチに行ったまま二度と帰ってこなかったときには、涙が出るほど凹みました。そして、悟ったのです。

人は履歴書や短時間の会話だけでは分からない。

分からないのだということが分かれば、あとは解決方法を考えればよいだけ。私は仕事が続いている部下を観察し、その人たちが入社してからのことを思い出してみました。そうすると、ある共通点があったのです。この共通点を入社前に見抜ければ良い部下を採用できるはず、と確信したのです。

少し作業をしてもらおう。

うまくいく人の共通点、それは「経理事務のセンスがある」ことでした。私がわざわざ教えなくても、体が自然に理にかなった動き方をする、くどくどと説明しなくても、その仕事を進める上で効率がよい方法を選択するような感覚を持った人が、私の部下として残っているのだと気づきました。そこで、通常の面接に加えて、応募者に少し作業をしてもらうことを思いつきました。

経理事務で実際扱う領収書を数枚とクリップとホッチキスを渡して、

「領収書をまとめて、とじて下さい」

とだけ指示し、やってもらうようにしたのです。たったこれだけの作業ですが、結果は様々。見ないでホッチキスでばっちんと留める人、大きさ順に並べる人、何を求められているか分からず、おろおろして私の顔色を伺うばかりの人。

経理事務の作業で言えば、

①領収書の上下天地をそろえて
②左上方をあわせ
③左上方をクリップで留める
　が当時の私の会社での正解でした。

　どこの経理でも大体そうじゃないでしょうか。領収書はパソコンに入力していきますから、天地があっていないと見づらいですし、通常、右側にパソコンのテンキーがあるため、領収書を左手で繰るので左上方を結束するのが便利です。

　ホッチキスかクリップかの選択は、ホッチキスは一度留めてしまうとはずすのに手間がかかりますので、作業の最中はクリップで留めておくほうが、次に仕事をする人がやりやすい。

　結果、これを説明しなくても自然にできる人は「採用後、何をしてもらってもそつがなく、結果的に長く勤めてくれる」優良社員でした。

　私はこの方法で応募者を選考し、長く一緒に働ける部下を採用することができたのです。

社員の定着率が会社のコストを左右する

どんな会社の仕事にも、これを見れば「センスが分かるなぁ」というような象徴的な作業ってありますよね。資格が必要な仕事でも資格を「持っている」ことと「それを使って仕事をする」ことって別だったりします。

ちょっとしたことでも実際やってみてもらえば、仕事に対する向き不向きは本当によく分かります。これが短時間で応募者を見極める「面接のコツ」です。

採用活動にもコストがかかります。採用した社員を教育するにもコストがかかります。「入社後は結婚生活」と書きましたが、結婚離婚を繰り返せばお金がかかるのは世の常。また、当事者両方にとって不幸なのも同じです。

退職する社員は適職へ遠回りしてしまったわけですから、面接の精度を上げていくことは、社員のためでもあります。

社員とのファーストコンタクト、面接を大切にしたいものですね。

まとめ

面接のコツは実際に作業をしてもらうこと。履歴書や会話だけでは分からない仕事に対するセンスが見極められます。

内定を出すって大事なんです

入社するって約束してくれたのに……

新しい社員を採用する際、求人広告を出し、応募者を面接し、選考し、それなりにお金も労力もかけて、やっと入社にこぎつけます。会社も「この人を」と決め、応募者も「この会社の社員に」と合意を交わし、ここまでくれば一安心。と思いきや、最近、建設業を営むクライアントから相談を受けました。

「現場に必要な施工管理技士を採用したんです。ところが、今になって入社日に間に合わないと言ってきたんです。なんでも、前の会社が退職を認めてくれないんだとか。もう入ってもらう現場も決まっているのに、何とかなりませんかね」

本当に人手不足が深刻です。来る者は拒まず、去る者も追いかける。社員が退職したいと言ってもなかなか辞めさせてもらえないという話をよく聞きます。

私も何とかして差し上げたい。そこで、

「先方とはどういう話になっていたんですか？　何か書いたものとかありますか？」

とお聞きすると、「電話連絡で、採用するから○月○日から来てと言っただけ」で、書面などは何も残っていません。もちろん、口約束だって約束は約束ですから、約束した日に入社してほしいけれど、それがかなわないからといってすぐに「もう来なくていいよ」と言ってしまってよいものか。どうしておいたらよかったのでしょうか。

中途採用こそ書面で「内定」を出そう

労働契約を交わす前でも、採用を決めれば会社は社員を迎え入れる前提で準備が進んでいきます。ところが、前出のクライアントの例のように、社員側が約束を守ってくれないと業務遂行に支障が出ます。こんな問題を防ぐために書面で「内定」を出しましょう。

内定を出す際、通知しておくべき事項は次の通りです。

【内定通知の例】

①入社日、初日の出社時刻
②初出社日の来社場所と対応担当者
③持参する書類、物品
　マイナンバー個人番号通知書の写し、本人確認書類、誓約書など
④採用内定の取消事由

これを書面にして、後述56ページ記載の労働条件通知書とともに内定者に渡しておきましょう。

④についてですが、できるだけ具体的に書いておきます。

たとえば、

【採用内定の取消事由】

- 採用予定日までに前職を退職できなかった場合もしくは所定の資格・免許が欠格になった場合
- 履歴書に虚偽の記載があった場合もしくは面接時に虚偽の申告をしていた場合
- 犯罪行為があった場合もしくは暴力団その他反社会勢力に関係した場合
- 身心の故障のため採用予定日から予定されていた労務提供ができない場合
- 当初弊社が知り得ていれば採用を見送ったであろう事由が発覚した場合
- 採用に支障をきたす程度の経営的に重大な事由が生じた場合

などが考えられます。ちょっとガチガチな文章ですが、あとで労使お互いが困らないようにするためです。書類にして手許にあれば、社員の側でも入社まで何に気をつけて過ごせばいいのか、明確に分かります。会社の側でもこのように通知しておけば、内定者の入社がかなわない場合、内定を取り消して、すぐに次の人に声をかけることができます。

内定は「婚約」と同じ。内定通知は必ず書面で

さて、「内定」って何なのでしょう。

採用活動に関して「内定を出す」ということは、少し難しい言葉ですが、就労始期付解約権留保付労働契約が成立しているとみなされます。

「ある時期が来たら、君に働いてもらうから」「分かりました」という約束を交わしたということです。その後は内定者も会社もお互いにその約束を守らなければなりません。

一般的に考えて、「ああ、なるほどそれなら仕方がない」と思われる「内定の取消事由（前節通知例の④）」がなければ取り消せないし、勝手に取り消せばペナルティをうけることもあります。

前に「採用活動においては、面接はお見合いで労働契約は結婚のようなものだ」と書きました。その流れでいえば、内定は「婚約」と言えます。結婚を約束した二人のうち一方が婚約破棄をした場合、必ず修羅場になりますよね。「内定」も同じだと思ってください。

「内定通知なんて新卒採用のときだけでしょう」と中途採用に内定を出さない会社もありますが、面接から入社まで短い時間しかない中途採用だからこそ、きちんと手続きをふんで、予定通りに入社してもらえるようお互い準備をすすめるのです。

内定者も口約束だけでは不安になるでしょう。内定通知書と労働条件通知書があれば、安心して就職活動を終え、入社する会社一本に絞ることができます。

優良社員を逃さないためにも、内定通知は必ず書面で交付しましょう。

まとめ

入社まで時間が短い中途採用こそ「内定」を出しましょう。内定は「婚約」と同じ。あとで修羅場にならないよう内容は必ず書面で通知を。

労働条件の主だった事項は書面にして社員に明示しなければなりません

まだ採用も決めてないのに労働条件通知書を要求される時代

口約束でも約束は約束。約束は守らなければなりません。会社で社員を雇い入れるときも全く同じで、口頭でした労働契約も契約成立に変わりはありません。

ただ、人って忘れっぽいもので、私も書いたものがなければ、三日で誰と何をどう約束したかほとんど忘れてしまいます。

また、だます気はなくてもお互い思い違いをすることもあるでしょう。大事な労働契約の内容は書いたものがないと「言った」「言わない」の争いになるかもしれません。それを避けるために、書面を取り交わすわけですが、中にはまだ、

「労働条件は求人票で出していた通りだから、特に書いたものはない」

という会社もちらほら。そういえば、最近、こんな相談がありました。

「まだ、面接中だよ。雇うとも言ってない人から労働条件通知書をくださいって言われたよ。今働いている社員にだって、そんなの出したことないのに、採用するかどうかわからんような人にうちの労働条件を書いたものまで、いちいち渡さなきゃならんのかね」

そうなんです、労働条件が求人票に書いてあるとはいえ、「基本給○万円～×万円」など、曖昧な表現もあって、それがそのまま労働条件になるわけではありません。曖昧さを避けるため、労働基準法では労働条件の主だった事項は、会社が書面にして社員に明示しなければならないと決まっています。ただ、渡すタイミングはいつか？　何を書いて渡せば良いのか？　だれに渡すのか？　労働条件通知書についてまとめておきたいと思います。

そもそも労働条件通知書ってなに？

さて、面接中に請求されたという「労働条件通知書」とはどんなものでしょう。

労働基準法第一五条では、労働条件の中でも特に重要な事項を書面にして明示しなければならないとされています。この書面のことを労働条件通知書といいます。

労働条件通知書には次の五つの事項は必ず書かなければなりません。

【労働条件通知書　必ず書かなければならないこと】

①労働契約の期間に関する事項
②就業の場所、従事すべき業務に関する事項
③始業・終業の時刻、所定労働時間を超える労働の有無、休憩時間、休日、休暇、就業時転換に関する事項
④賃金（退職金・賞与・臨時に支払われるもの等をのぞく）の決定、計算及び支払いの方法、賃金の締切時期および支払い時期
⑤退職に関する事項（解雇の事由を含む）、退職事由及び手続きに関する事項

昇給に関する事項は明示しなければなりませんが、口頭でかまいません。昇給しない場合は「なし」と伝えるだけでOKです。一年契約など期間の定めのある契約の場合は、期間満了時に更新があるのかないのか、更新する場合は何を判断基準にするのか（例：会社の業績、本人の勤務成績、期間満了時の仕事の量等）の記載も必要です。

求人票と全く同じ内容であっても、入社後に就業規則のコピーを渡す場合でも、労働条件通知書は作成し、社員になる人に交付しなければなりません。なお、後日の争いを防ぐために会社側にも控えを置いておきましょう。

労働条件通知書は内定と同時に交付すればよい

この労働条件通知書ですが、いつ渡すのが正解なのでしょう。

労働基準法では「契約に際し」とのみ記載があって、いつ渡すのか明確な基準は示されてません。はっきりしているのは、労働契約締結後ではダメだということです。

労働条件がきっちり確認できなければ、この会社で働くか、見送ってよその会社に行くか、正しい判断ができませんよね。「言った」「言わない」の争いを避けて、労使お互いに対等の関係で契約を締結するという趣旨ですから、条件が曖昧なまま社員を雇い入れて、しばらく働かせてから、後出しじゃんけんのように条件を出すのは許されません。

少なくとも社員がこの会社に入ろうと決心する前には渡してあげる必要があります。

ただ、ご相談のように採用も決まらない面接中に労働条件通知書を請求されても出す必要はありません。

単なる求人応募者に会社の労働条件を渡せば、社内の情報が外に漏れる可能性もあります。できれば、雇いたいと会社が意思決定して、内定を出す際に労働条件通知書を添えて労使で確認を取り、応募者に内定を受けてくれるかどうか決めてもらいます。

入社受諾すれば、その後、労働契約締結という運びになり、契約締結時には書面での明示が完了しているので、法律の趣旨どおりと言えるでしょう。労働条件通知書は内定と同時に交付するようにしましょう。

まとめ

後でもめないように必ず書面で労働条件を通知する。労働条件通知書の後出しは禁止。必ず内定時に交付しよう。

トライアル雇用（お試し雇用）で助成金までもらえる？

「試用期間」後に「本採用を見送る」は安易な理由ではできない

社員の採用が決まり、無事社員が入社してきました。面接で見込んだとおり、能力をフルに発揮して、成果を出してほしいと期待が高まりますが、労使お互いが手探り状態です。そのため、ほとんどの場合、入社の直後には三カ月程度の「試用期間」が設けられます。「試用期間」に関するご質問もクライアントからよくいただきます。

先日も、

「今回採用した社員なんですが、使えなさそうなんだよね。試用期間が終わったら本採用は見送ろうと思ってる。辞めさせたら問題ありますか？」

とご相談をいただきました。はい、問題があるんです。「試用期間」というのは平たく言うと、社員を「解雇」する権利を会社が持ちながら社員を働かせている状態です。

「本採用を見送る」ことは、その権利を行使すること、要するに正社員を解雇するのと変わりません。解雇するにはそれなりの理由が必要です。

単に「使えなさそう」とか「ちょっと仕事が遅い」といった安易な理由で「解雇」はできません。三〇日前の予告も必要で、予告日数が足りなければ不足日数分の解雇予告手当を支払う必要があります（労働基準法第二〇条）。いったん労働契約を結べば簡単に社員を辞めさせることはできないのです。

トライアル雇用制度は雇用するか見送るかを見極められる制度

将来に向けて社員を増員したいと思う会社は多く、少子化の影響もあいまって人手不足の傾向が続いています。一方でなかなか安定した職に就けずにいる求職者も多く、雇用のミスマッチ状態が続いています。政府もさまざまな手段で雇用機会の改善に取り組んでいますが、その中のひとつに「トライアル雇用制度」があります。

「トライアル雇用制度」とは、就労経験が無かったり、経験が乏しいために知識や技能が十分でない人、介護や育児などでキャリアが中断してしまった人を一定期間（原則三カ月）会社に受け入れ、雇用するか見送るかを見極めることができる制度です。

トライアルといっても面接での選考はできますし、トライアル期間満了時に適性がないと判断すれば本採用を見送ってもペナルティはありません。本当の意味での最長三カ月の「お試し雇用」が可能なのです。

さらに、要件を満たせば、トライアル雇用期間中に一名につき月額四万円（対象者がひとり親家庭の父母等であれば五万円）最長三カ月で計一二万円の「トライアル雇用助成金」を受け取ることができるのです。助成金をもらいながら、三カ月かけてじっくり適正を見極めることが可能な制度ですから、利用しない手はありません。

【トライアル雇用助成金の申請方法】

❶「トライアル雇用求人」をハローワークや職業紹介事業者に出すところから始まります。ハローワークの窓口で「トライアル雇用の求人を出したい」と言っていただければ手続きができます。

❷トライアル雇用の対象になる応募者が来ましたら、面接による選考を経て、原則三カ月の有期雇用で雇い入れ、

❸会社に違法行為が無い、労働保険料の滞納が無いなどの一定の要件を満たせば助成金を受け取ることができます。

採用後二週間以内に「トライアル雇用実施計画書」をハローワークに提出したり、トライアル雇用期間満了後二カ月以内に助成金支給申請書を提出しなければならない等、書類提出のタイミングがありますので、必ずハローワークの担当者に問い合わせをし、相談しながら手続きをすすめてください。

まとめ

新たな社員を受け入れるときは「トライアル雇用制度」を利用しよう。助成金をもらいながら社員の適正を見極めることができます。

コラム　履歴書占い

社会保険労務士になってから二〇年、社会保険の手続きをするために、たくさんの方の履歴書を拝見しました。その数、数千人か、いやひょっとしたら一万人をこえてるかもしれません。

しかも、見ただけではなく、その後のその方の職業生活も垣間見れたりする立場なので、ある種の傾向が、と言うか、もう履歴書占いができるのではないかなぁと自負しております。

いくつかご紹介しましょう。

●志望の動機欄に「貴社の将来性」と書いてくる人は「人任せ」な人

たとえば、「志望の動機」欄に「貴社の将来性」と書いてある履歴書を大量に見かけた時期がありました。

入社したい理由なんて人それぞれのはずなのに、判で押したように、一字一句たがわず「貴社の将来性」って、おかしいなぁ、不思議だなぁと思っていたのですが、あるとき理由がわかりました。

某文具メーカーが販売している履歴書の記入例に「志望の動機→貴社の将来性」と書かれているのを発見、多数の応募者がそれをそのまま写して会社に提出していたのです。

例文どおりに写してなんとかしようとするこの性格。このタイプの人はできるだけ自分で考えず、誰かの考えに乗って無難にどうにか世の中渡りたい人、人任せタイプというところでしょうか。

「この会社でなければ！」「どうしてもこの会社に！」という熱意は……あまりないですね。こういう履歴書を見かけたら「弊社の将来性について、どう考えて入社されたいの？」と突っ込みを入れてみてください。

さくっと答えられる人なら加点しても良いでしょう。

●「短い周期で転職を繰り返す」人は「面接美人」な人

私はこっそり転職のサイクルもよくチェックしています。「会社の倒産」や

「両親の介護」など理由のはっきりしている転職はともかく、目的がはっきりしないのに短い周期で転職を繰り返してる人がいます。

何度も何度も採用されているのですから面接官の受けは良い人物なのでしょう。名づけて「面接美人」の方々ですね。

入社はしたものの、ある時期になると仕事を辞めたくなる、つまり、あまり根気のない人物だということです。社業の基幹を担う正社員は無理、でも、アルバイトなら及第点かもしれません。

●「フリガナをつけない」人は「独立独歩」な人

住所や名前にきちんとフリガナをつけてこない人と一緒に働くのは苦労するでしょう。

なぜフリガナが大事かというと、入社後、これを見ながら事務処理をするので、読み方が分からないと総務や人事の担当者があらためて本人に確認しなければならない手間がかかるのです。

つまり、フリガナをつけてこない人は他の社員の仕事に思いが及ばない人、

「協調性が無い」人と言えるでしょう。

住所に郵便番号をつけてこない人も同じような感じです。チームプレイには向かないかもしれませんが、研究職やクリエイティブ職のような黙々と進める仕事なら協調性が無いぐらいのほうがポテンシャルは高いかもしれません。

あたるも八卦、あたらぬも八卦。諸説あり。でも、なんとなく「あるある」と思い当たるところがあるのではないですか。これは松井の履歴書占いですから、苦情は受け付けませんよ。

ついでに履歴書に関して重大なこと。それは不採用者の履歴書の取り扱いです。必ず本人に返します。履歴書は個人情報のかたまりです。よそに漏れたら大変なことになります。

応募者のほうも気にする方が増えました。あとで、「返してくれ」と言われてから、「捨てました」なんてことになったら、会社の信用問題になりかねません。

履歴書の取り扱いには、くれぐれもご用心。

2

賃金

社員がやる気になる愛ある制度の作り方

松井 賃金は会社から社員への最大のメッセージ

次は人件費の問題を考えていきたいと思います。

人件費に興味のない経営者はいません……これは例外なく、また、給与に興味のない社員もいません。

単純にいえば、「社員が労務を提供し、会社が賃金を支払う」交換の関係が労働契約なんですが、単純なだけに賃金って会社から社員への最大のメッセージだと思うのです。

「スキルアップ、よくやった!」の資格手当、「バランスの取れたランチで健康になってね」の昼食手当、昇給は「おかげさまで売上アップしたよ」だったり、そう考えると給与明細は社長から社員へのラブレターみたいなものです。

顔をあわせるのも声をかけるのもコミュニケーションですが、このラブレターは効きますよ。社員のやる気と直につながっていますから。愛のある賃金制度を作りましょう。

「残業代を払うと会社がつぶれる！」に対処する

残念ながら残業した分を払わずにすむ魔法はありません

クライアントから受けるご相談の内容は本当に様々ありますが、たいてい「うちの会社では当たり前のようにまかり通っているけど、これって今の時代どうなの？　間違っているの？」というときです。

しかも、残業代に関するご相談が圧倒的に多いです。

頑張って働いてくれる社員には、きちんと報いたいと思っています。でも、

「残業代を払うと、会社つぶれちゃうよ。なんとかして」

残業の多い会社であれば分かるのですが、残業の少ない会社からも同じようなお声

をいただきます。「なんとかして」と言われても、残念ながら、残業した分を払わずにすむ魔法はありません。

では、考え方を少し変えて、「会社がつぶれる」のほうから攻めてみましょうか。そもそも「会社がつぶれるとき」って、どういうときでしょう。会社が赤字になったときでしょうか。それとも、会社が借金まみれになったとき？　銀行に愛想をつかされたとき？

全部ハズレです。

正解は、「資金繰りができなくなったとき」です。

支払うべき期日に支払うべき額のお金を工面できなくなったとき、会社はつぶれるのです。大損しようと大借金をかかえようと、銀行から借金ができなくなっても、支払いのお金が回ってさえいれば、会社はつぶれません。

いつまでにいくら準備したらいいのか、「労働時間を基準にした従量制で課金される」残業代は金額が読めなくて困る、人件費をできるだけ一定にコントロールしたい、「払わなきゃいけないのは分かっているけど、なんとかしてくれ」とご相談があるのです。

できれば出ていく給与が毎月同じぐらいで資金繰りの見通しが立つ方法がないものか。法令遵守とのバランスも含めて、今後うまくいく方法を考えないといけません。

定額残業代制なら資金繰りも見通しが立てやすくなります

残業代が「従量制課金」で資金繰りが不安ならば、「定額課金」にすれば問題がなくなりますよね。

そういうときには**「定額残業代制」**を提案します。一定時間分の残業代を毎月定額で社員に支払う方法です。出退勤データが正確であれば、毎月の平均的な残業時間数を割り出すことは、さほど難しくはありません。

その時間をもとに残業の定額枠を月一〇時間とか月二〇時間とか設定します。

ただし、いったん定額制を取ったのであれば、その月に実際の残業時間が枠を下回っても定額で支払うこと。枠を上回ったら、その分は精算して支払うこと。

つまり、残念ながら定額残業代制は残業代の削減にはなりません。あくまでも、毎月の人件費を平準化し、資金繰りの見通しを立てやすくすることが目的です。

社員の月給はこうして決める

「定額残業代制」の具体的導入手順

❶ 一人ひとりの社員を実績評価し、一年分の給与を決めます。

❷ 1年分の給与は「16」で割って月額給与を決めます。

❸ 月額給与を定額残業手当とそれ以外に分けて、給与を設計します。

そのときに、時間外の割増部分を忘れないようにします。1日8時間を超えて働かせた場合は25％の割増（時間外割増）をした手当が必要になります。

たとえば、月額給与が30万円、所定労働時間が176時間、残業時間を月20時間とすれば、時間単価は、

300,000÷(176時間+20時間×1.25 → 25%割増部分)

＝1,493円

定額残業手当は、

1,493円×20時間×1.25＝37,325円

その他の給料（基本給＋諸手当）は、

300,000－37,325＝262,675円

「定額残業代制」の導入方法ではありますが、これは同時にある社員に支払う「給与月額」の決め方でもあります。

ポイントは年ベースでその社員に支払うべき報酬総額を「16」で割って、月額給与を決めることです。そのうち「12」が給与、「4」が賞与の原資です。

先ほども書きましたが、実際の残業時間数が定額枠の月二〇時間を超えれば、各月ごとに差額の精算が必要になりますが、この「でっぱり」部分は夏と冬の賞与を加減することで、半年に一回ずつ調整します。

この方法ですと、個々の評価に見合う報酬を年ベースで確実に社員へ支給することができます。一方で、資金繰りの見通しが容易になり、未払い残業代の問題もなくなります。導入されるときには、賃金規定の変更も忘れずに行ってください。

まとめ

定額残業代制は、資金繰りに効く人件費のコントロール方法。年収の一六分割で月例賃金を設定することがポイント。社員の働きには年ベースで正当な報酬を。

まずはタイムカードを導入しよう

未払い残業代の請求が内容証明郵便で送られてきた!

お金がらみの相談が多いと書きましたが、残業代に関する相談の質はずいぶん変わってきました。

二〇一三年ごろまでは調査がらみの案件がほとんどで、労働基準監督署の臨検調査をうけたら残業代の支払い漏れが発覚し、「過去の分まで支払えと言われたけれど、本当に払わなければいけないのか。なんとかならないか」という問い合わせをよくいただいたものです。

労働法に関する知識は、労働基準監督署のような役所や社会保険労務士などの専門家が持っていて、会社が賃金計算をするのに多少間違いがあっても、従業員が気づかないか、おかしいと思ってもどう指摘していいか分からなかったり、言い出しづらかったりしたのだと思います。

最近は、従業員から直接残業代を請求された、と相談してくるクライアントがほとんどです。直接とはいうものの、面と向かって「残業代をください」という従業員はいません。

内容証明郵便というのを使って請求書が送られてきます。それも従業員の退職直前、直後に送られてきます。「もう辞める」と思ったとき、人は大胆になれるのかもしれません。

一分単位の詳細なデータを付して、遅延損害金の計算もしてある、弁護士顔負けの明細書がついているものもあって、驚かされることもしばしばです。

なぜ、こんな細かいことが従業員個人でできるのかと言えば、インターネットの普及が影響しています。プロだけが持っていた知識が、ネット経由で誰でも簡単に手に入るようになりました。

給与明細を見て金額が変だなと思ったら、手許のスマートフォンで瞬時に検索が可能です。

残業代は二年前の分まで請求しても良いとか、内容証明郵便を使えば顔を合わせて気まずい話を社長としなくてもいいとか、残業の単価の計算はこうする、果ては月給額と出退勤の時間を入れれば勝手に残業代を計算してくれる表までインターネットで入手できるのです。

私はこの現象を「従業員のプロ化」と呼んでいます。従業員がプロ化したなら、会社側もそれに応えてあげられるだけの知識と労働環境の整備が求められます。

正しい時間管理が正しい賃金の支払いには必要

労務管理で大切なことはいくつかあるのですが、もっとも大切なことのひとつに社員の労働時間の管理があります。

残業代の額は時間単価×残業時間数で計算されます。単価は普段の賃金額が決まれば機械的に計算できるので、大きく争われることはありません。問題になるのは時間数の方です。労働時間の管理と賃金の管理は表裏一体なのです。正しい賃金の支払いには正しい時間管理が必ず必要になります。


管理というからには、後で会社の解釈と従業員の解釈がずれて、もめごとになるのを防がなければなりません。難しいことではありません。

出勤時と退勤時に、従業員本人の手でタイムカードを打刻してもらうだけでいいのです。従業員側が自分の取っていた記録（たとえば、社員が個人の手帳に仕事の時間を記録していたとか）で残業代を請求したとしても、会社側から自らの手で日々打刻したタイムカードの記録が示されれば簡単に否定はできないでしょう。

会社側も、いくらか追加で残業代を払うことになったとしても従業員の一方的な言い分で、言われたままの全額を支払うよりは納得できるのではないでしょうか。

記録された出勤退勤のデータは証拠能力が高い

実は、会社が社員の労働時間数や労働日数について正確に記録するのは、法律上の義務なのです。

客観的な方法で把握することが求められており、労働基準法第一〇八条及び同法施行規則第五四条によれば、会社は従業員ごとに労働日数、労働時間数、休日労働時間数、時間外労働時間数、深夜労働時間数といった事項を賃金台帳に適正に記入しなさい、とあります。

タイムカードや賃金台帳は三年間保管し、きちんと記入をしていなかったり、わざと嘘を書いたりすれば最高三〇万円の罰金まで科せられることもあるのです（労働基準法第一二〇条）。

タイムカードは今やハイテクとは言えませんが、それでも私の経験上、裁判所や労働基準監督署で打刻時間を疑われたことはありません。

打刻時間以上の残業代支払いを求められたこともありません。残業代を追加で支払う場合の最終ディフェンスラインのようなものです。タイムカードで記録された出勤退勤のデータは証拠能力がとても高いのです。

ほかの客観的な記録方法として静脈認証やＩＣカードシステムが考えられますが、それらに比べればタイムカードは初期費用もかさみませんし、維持費も安価です。もし会社にタイムカードが無ければ明日から導入をおすすめします。

まとめ

タイムカードは残業代請求の最終ディフェンスライン。客観的な記録が会社の正当な利益を守ります。

営業職の残業問題は「事業場外のみなし労働時間制」が解決します

「歩合給」を払っていても「残業代」を払わなければいけないのか

ここまで読み進めていただいた皆様には、「営業職には営業手当として毎月○万円支払う」とだけ規定しても、残業代の支払いをしたことにならないのはご理解いただけるでしょう。では、営業成果に対して、「歩合給」を支払っている場合はどう考えたらいいのでしょうか。

「営業って時間で評価できるものじゃないですよね。契約がとれれば、それに応じて歩合給を出してますから、残業代は必要ないんじゃないでしょうか」

というご意見をいただくことがあります。

「労働契約」は「給与と労務の交換」です。会社には少々厳しい言い方ですが、会社は社員が労務さえ提供すれば、成果があがろうとなかろうと給与を支払わなければなりません。

営業成績に対して「歩合給」を支払うことは問題こそありませんが、「歩合給」を払っているから「残業代」を払わなくてもいいことにはならないのです。

場合によっては、二重に支払わなければならないことも。重複を避ける方法ってないのでしょうか。

出かけてしまえば何をしているのか会社から見えないので

歩合給が社員の「成果」に対する賃金だとすると、社員が会社に対して労務提供した「時間」の対価が残業代となります。

ここで問題になってくるのは、事務職や製造工など社内にいる社員は時間を把握するのが容易ですし、残業代を計算し支払うのも納得されるでしょう。

一方、営業職は会社の外に出なければ仕事になりませんから、出かけてしまえば社員が何をしているのか会社から見えないので、勤務時間を厳密に会社が把握することはできません。

それなのに、営業職にも残業代を支払わないといけないのか。

その疑問に答えるのが以下の条文です。

労働基準法第三八条の二第一項に

「労働者が労働時間の全部又は一部について事業場外で業務に従事した場合において、労働時間を算定し難いときは、所定労働時間労働したものとみなす。ただし、当該業務を遂行するためには通常所定労働時間を超えて労働することが必要となる場合においては、当該業務に関しては、厚生労働省令で定めるところにより、当該業務の遂行に通常必要とされる時間労働したものとみなす」

という規定があります。「事業場外のみなし労働時間制」とよばれています。営業職だけでなく、最近クローズアップされている在宅勤務でも同じ考え方で労働時間を算定することができます。ポイントは以下の二つです。

ポイント①事業場外で業務に従事していること

営業であっても社内で仕事をした時間はそのまま把握します。「みなし」が行われるのは、あくまでも事業場の外で仕事をしている時間に限ります。

ポイント②労働時間が算定しづらいこと

仕事の進め方や時間配分を本人に任せていて、会社が各社員の労働時間や休憩時間の管理ができないことが必要です。

ポイントをクリアできるなら「所定労働時間働いたものとみなす」ということです。一日の所定労働時間が八時間であれば、実際は一〇時間かかっていても六時間しかかかっていなくても「八時間働いた」ものとして扱います。残業は存在しませんから、残業代を支払う必要はありません。

ところで、みなす時間を所定労働時間に決め打ちするのがそぐわないこともあります。たとえば、「通常の仕事の仕方であれば、この業務はどうしたって一日九時間かかります」という場合、これを全部八時間としてしまうのは問題がありますね。常に社員が損をします。

こういうときのために「ただし」以降の規定があります。「厚生労働省令……云々」

は読みとばしてもらってＯＫ。「通常必要とされる時間＝一日九時間、仕事をしたとみなしなさい」ということです。これは会社が勝手に時間を決めるのではなく、会社と従業員の代表が合意して協定します。

決めておかなければならないことは三つです。

①対象とする業務

担当業務それぞれの事情があるでしょう。みなしの対象者や対象業務、時期を区切って業務の特定をします。

②みなし時間

「一日九時間」のように定めます。会社が勝手に決めるのではなく、一番実態が分かっている対象従業員の意見を聴いて取り決めます。

③有効期間

「この協定の有効期間は○年○月○日から一年とします」などのように定めます。自動更新はできません。

この中で、②のみなし時間が一日八時間を超える場合は、届書を作成して、所轄の労働基準監督署長へ届出なければなりません。そして、協定というのは、会社と社員の約束事ですから、全社員に周知します。

ここまで手続きしていただければ、営業職は成果に対して歩合給、内勤者は時間を基準にした残業代とバランスの取れた賃金体系にすることができます。

「信じて任せる」がカギ

「事業場外のみなし労働時間制」について、細かい点までご説明しました。ただ一点、絶対忘れていただきたくないことがあります。

条文にある「労働時間を算定し難いとき」の一言です。

社外で働く社員を会社がスマホやパソコンで「遠隔指示」をしているような場合は、社外にいても会社は労働時間の把握が可能です。ＩＴの発展は私たちの生活を便利にしましたが、「事業場外のみなし労働時間制」の認められる範囲は狭まりつつあるということです。

上司が同行している場合、上司による部下の労働時間管理ができるはずです。上司が同行しなくてもルートセールスのように会社から予め一日の仕事の指示を受けて動く社員の場合は、これらのいずれも労働時間が算定しづらいとは認められません。原則どおりの労働時間管理、原則どおりの残業代支払いが必要になります。

一日の業務の内容やすすめ方、時間の管理を社員に任せることが大前提なのです。

まとめ

営業職には「事業場外のみなし労働時間制」を用いて、成果に応じた報酬を支払うことができる。ただし、会社の外での労働時間は「信じて任せる」が大原則。

今の状況を続けられないとき雇用調整助成金を使う方法がある

月給は勝手に下げられない

会社を経営していると良いときもあれば悪いときもあります。こう書いてしまうと簡単なようですが、会社がどんなに努力をしてもどうにもならないことってあるものです。

たとえば、為替の変動。二〇一二年ごろには一ドル八〇円程度だったものが二〇一八年末にはおよそ一一〇円になりました。輸出の業者なら普通にしていても円建てでの売上はアップします。ウハウハです。

逆に海外から物品を輸入して国内で加工、販売する事業であれば何をしたわけでもないのに原価が四割増。こうなったら、もう個々の企業がどんなにがんばっても減収は避けられません。

ところが人件費は固定性が高いです。利益が四割減だから、給与も四割減……というわけにはいかないのです。良いときに昇給するのは簡単です。悪くなっても、現状維持できるのならばギリギリ問題なし。しかし、クライアントから、

「業績が悪くて社員の給料をカットしなければならないです。気が重いです」

と相談をいただくことも。下げる前に相談いただけたらまだましなほうで、

「先月から、全員給与二割カットしたから」

と報告を受けることもあります。びっくり仰天です。

給与を下げるのは「労働条件の不利益変更」といって原則として「社員の同意」が必要です。

「給与が減る」というと諸手をあげて賛成してもらえはしないでしょうが、少なくとも社員に「この状況だと仕方ないな。自分の給与を下げてもやむなし」と思ってもら

わなければなりません。

説得と納得があって、初めて給与を下げることができるのです。

説得といっても時間的余裕が必要です。今日聞いて明日から給与が下がると減われたら……家計設計はガタガタになるでしょう。抵抗感も強いです。予め聞いていれば、社員の側でも減給開始までに家計設計を見直すこともできるでしょう。

既に働いた分をいきなり減給対象にしたり、社員から同意のないまま勝手に給与を下げたら、もとの給与との差額を支払わなければなりません。それが契約というものです。

一度約束したことは簡単に変えられない。減給は一筋縄ではいかないのです。

業績不振が深刻なら休業すれば助成金が使える

仕事の受注は無い。でも、社員の月給を切り下げるのは難しい。はっきりしない状況が続けば、社員も不安になり、仕事に身が入らない。

そんなままずるずると業務を続け、負債をふくらまし、清算した会社を私はいくつも見てきました。

ざっくばらんに相談してくれていればアドバイスできたのに、と思うのです。こういうときは「立ち止まる勇気」が必要なのです。

この業績不振が事業自体の縮小を考えなければならないほど深刻であれば、一回休んでほしいのです。休業です。休んでもらえば使える助成金があるのです。

この助成金を**雇用調整助成金**といいます。もうちょっと突っ込んで考えるなら「もはやその業態に未来は無い、近い将来変更しなければならない」という場合も多いです。この休業を使って社員教育を行い、新しいスキルを得ておくことも次の展開に有効です。

こうした教育訓練の取り組みには助成金の加算があります。

【支給要件と申請の概要】

①直近三カ月の生産量や売上高などが前年同期に比べて一〇%以上、下がっていること

②雇用保険被保険者数及び派遣労働者の受入数の直近三カ月のつき平均値は前年同期

と比べて一定規模以上増加していないこと（中小企業では一〇％を超え四人以上）
③実施する休業が労使協定にもとづくものであること（協定届を作成する）
④過去に雇用調整助成金又は中小企業緊急雇用安定助成金の支給を受けたことがある事業主が新たに対象期間を設定する場合、直前の対象期間の満了の日の翌日から起算して一年を超えていること

このほかに、反社会勢力との結びつきが無いなど基本的な要件と教育訓練の内容の要件があります。労働保険料の滞納があると厚生労働省関係の助成金は受給できないですから、早め早めに立ち止まることが大事です。

手続きのあらましをご説明します。

申請窓口は都道府県労働局かハローワークです。会社の所在する都道府県によって違いますのでご確認ください。

【手続きのあらまし】

❶対象期間一年について休業や教育訓練の具体的な計画を立てます。

❷初回は休業を開始する二週間程度前を目処に計画届を窓口に提出します（二回目以降は休業の前日までに）。

❸計画にしたがって、休業手当を支払いながら休業もしくは教育訓練を行います。

❹休業を終了して二カ月以内に支給申請をします。

支給限度日数は一年に一〇〇日、三年で一五〇日です。支給される金額はかかった費用の三分の二（大企業の場合二分の一）で対象労働者一名あたり日額八、二五〇円が上限です（二〇一八年八月一日現在）。教育訓練を実施した場合は日額一、二〇〇円が加算されます。

社長の最大の仕事は社員に会社の未来を見せること

景気変動に左右され事業縮小が必要になるたびに、リストラや労働条件の切り下げを繰り返せば企業活動の活力が損なわれ、景気が回復したときに波に乗り遅れることになります。

社長の最大の仕事は社員に会社の未来を見せることです。

業績が悪いということを隠すのではなく、「こう立て直したいから協力してほしい、そのために休業する、新しい知識を取得してほしい」と大方針を示すのです。

助成金が後押しをしてくれます。抜本的な再生の道を歩んでまいりましょう。

まとめ

労働条件の不利益変更は「説得と納得」がなければできない。それより抜本的な改善を目指そう。休業と教育訓練を雇用調整助成金が後押ししてくれる。

「同一労働同一賃金」の義務化がスタートする

パートタイマーに皆勤手当、払わないでいいの?

私たち社会保険労務士の大事な仕事のひとつに、賃金制度のコンサルティングがあります。

人件費に興味の無い社長はいませんし、社員にとっては受け取る給与は仕事に対するモチベーションに直結していますから、次のようなコンサルティングをすることもあります。

あるクライアントの会社で遅刻が頻発していると相談を受けました。

大きな遅刻ではなく数分から一五分程度の遅刻が多い者で月三回ほど。社長は指導の必要を感じて厳しく叱責したのですが、なかなか遅刻は減りません。

そのうちに思い余って一分単位で遅刻控除を行うようになると、社員達は、

「少々遅れたって、その分引かれるんだから」

と開き直って以前より大きく遅れる始末。困りきった社長から遅刻を防止する何かいい方法がないかと質問されたので、

「大きな額でなくてもかまいません、皆勤手当を出してみたらどうでしょう」

と提案しました。「北風と太陽」作戦です。毎月三、〇〇〇円程度の額でしたが、効果はテキメン。社員はほとんど遅れることなく始業時間に出社してくるようになりました。時間通りに会社に出てくるというのは当たり前のことなんですけどね。でも、その当たり前のことを普通にできていることにＯＫを出し、「評価をしているよ、会社はちゃんとみているよ」と伝え続けるために手当を出すのです。


ところで、この会社は現在、この手当を正社員にだけつけています。パートタイマーもたくさんいるのですが、給与は基本給と通勤手当だけ支払っています。このように正社員とは全く異なる賃金体系になっている会社も多いのではないでしょうか。

勤務時間の長短はともかく、「遅刻せず所定労働時間のすべてをしっかり仕事しま

す」ということは正社員でもパートタイマーでも同じです。なのに、正社員には皆勤手当が支払われ、時給制の非正規社員には支払われない。

このような処理をしているとしたら、二〇二〇年四月までに（中小企業の場合は二〇二一年四月までに）手当の支給ルールを見直さなければなりません。「働き方改革」の一環で、企業は正社員と非正規社員との均等・均衡待遇が求められるようになりました。これを「同一労働同一賃金」の義務化といいます。

詳しく確認していきましょう。

時間で按分すればよい

「同一労働同一賃金」といっても全員に全く同じ金額の手当をつけなければならないということではありません。あくまでも「正社員と非正規社員の間の不合理な」待遇格差を禁止するものです。

誰からみても「あぁ、それはなるほどごもっとも」と言える皆勤手当の支給基準を決めればよいのです。

規定するなら、次のようになります。

【給与規程記載例】

第○条（皆勤手当）
① 皆勤手当は、当該賃金計算期間において所定労働時間のすべてを勤務した場合に、月額三、○○○円を支給する。この場合において、年次有給休暇を取得したときは、出勤したものとみなす。
② パートタイム従業員に支給する皆勤手当の月額は週所定労働時間によって以下の通りに読み替える。

週所定労働時間　三〇時間以上	三、○○○円
二〇時間以上三〇時間未満	二、○○○円
二〇時間未満	一、○○○円

正社員に比べて働かなければならない時間が短い従業員がパートタイマーですから所定労働時間を基準に比例支給するのが合理的です。

差のある手当や待遇は「合理的」な理由を堂々と答えられるようにする

誤解が多いところですので、再度確認しておきましょう。格差をなくすといっても各社員、各パートタイマーで能力差もあれば経験値も違うのですから、それによって給与の額が違うのは当たり前です。

解消されるべきは「不合理な」格差で、その判断は次の三つを基準とします。

①業務の内容や責任の程度

②職務の内容・配置の変更の範囲

③その他の事情

たとえば、担当業務や仕事に対して責任の重さが違うのであれば、給与に差があっても不合理ではありません。

正社員は全国転勤を予定しているため住宅手当を支給していて、パートタイマーは勤務地限定転勤なしなので支給せず、これもＯＫ。

週五日働く正社員の通勤手当が月五万円上限なら、週五日働くパートタイマーも同じように通勤するのですから、ここは全く同じ条件でなければなりません。

こうして、手当や教育訓練、福利厚生などの待遇を一つ一つ検討した上で判断が必要になります。

「正社員には○○手当がつくのに、どうして私たちにはつかないんですか？」とパートタイマーから聞かれたら、どう答えるかを考えてみてください。賃金制度は、会社が従業員に発するメッセージです。

差のある手当や待遇は「合理的な」理由を堂々と答えられるようにしておきましょう。

「正規労働者と非正規労働者の均等・均衡待遇」は二〇一九年四月から段階的に施行される「働き方関連法」の改正の大方針のひとつでもあります。「なんでパートに皆勤手当払わなきゃいけないの？」なんて言わないでくださいね。遅刻防止、従業員のモチベーションアップのために手当があったのだ、とここで思い出してください。

今や労働者の三人に一人が非正規雇用の時代です。しかも深刻な人手不足です。社業は正社員だけで回っていません。

アルバイトがシフトをドタキャンせず、パートタイマーが気持ちよくシフトを増やしてくれるなら……正社員との均等・均衡待遇を目指すことは会社にも利益があることなのです。

まとめ

解消されるべきは正社員と非正規社員の間の「不合理な格差」です。非正規社員から「なぜ?」と聞かれたとき、格差の合理的な理由を堂々と答えられるように準備しよう。

コラム

残業代請求と共におくられたGoogleのロケーション履歴のデータ二年分

タイムカードで出勤退勤を管理すると簡単なのに、なぜか嫌がる社長が多いので困ります。以前、こんなことを言われたことがあります。

「社員にタイムカードなんか打たせた日にゃ、会社は終わりですわ。打ったら打っただけ残業代を取られて会社がつぶれてしまう」

なんたる誤解。タイムカードなんてあってもなくても働かせたものは払わなければならないんですよ。そういえば、先日、こんなご相談がありました。

「退職間際の従業員から残業代を請求されています。なんでこんな金額になるのかと言ったら、Googleのロケーション履歴のデータが二年分送られてきました。こんなの払えるか！　と言ってやったんですが、払わなくてもいいですよね」というもの。

「Googleのロケーション履歴」とはスマートフォンがどこにあったか＝その持ち主がどこにいたかの履歴を一分単位で記録するもので、これが「会社」の位置を示していれば「会社にいたから仕事をしていました。仕事をしてたから残業代を払ってください」というのが従業員の言い分でした。

残業時間の計算までスマートフォン頼みとはさすがにイマドキだなぁと思いますが、根拠の無い話ではありません。

「払えるか！」と言うからには、「実際の労働時間はこうだった」と言い返さなければなりません。

でも、ざっくりとした仕事の指示内容を示す記録があるだけで、タイムカードも出勤簿も業務日報もありません。

社長は「こいつはたぶんこんなに働いてない。スマホの位置なんてあてにならない」というばかりです。確かに少し不自然に深夜まで社内にいた記録もいくつかあり、社長の言いたいこともわかるのです。

ただ、スマホの記録は推定と言えば推定ですが、何もないよりデータがあったほうが強いに決まってます。

結局、労働審判を経て審判員の強いすすめで和解し、会社が従業員に一六〇万円ほど支払う結果になりました。ほぼ請求満額、会社側の完敗です。

では、社長はどうしておけばよかったのでしょう。


「タイムカードを打刻させる」


本文にも書きましたが、これさえあれば……少なくとも在社時間に関して少しは言い返せたはず。証拠が何も無ければ、請求された金額が多いのか少ないのか妥当なのかの検証もできません。

それになにより、言いたいことだけ言って何の根拠も出せないと……めちゃくちゃ印象悪いです。裁判官にしろ、労働審判員にしろ、感情のある人間ですから、「いい加減な管理をしていたんだな」と思われ、社員の言い分が正しいという印象になりますね。

争いが無いのが一番ですが、もしものときのために普段からまめに管理して、記録を残しておくようにしてくださいね。

3

労働時間

バランスよく効率化させる時間革命！

松井 「プレミアムフライデー」「シャイニングマンデー」は定着しない

覚えていますか、「プレミアムフライデー」を。経済産業省と財界が主導して「月末の金曜日をより豊かに（プレミアムに）過ごしましょう」というコンセプトのもと、会社を一五時に退社することを推奨する取り組みです。

「です」というか「でした」と過去形で書いたほうがしっくりきますね。私のクライアントの中でこれを実施している会社は一社もありません。

そもそも、この話を聞いたとき絶対頓挫するなと思ったのです。だってそうでしょう、誰かが「プレミアムに」過ごそうと思えば、誰かが一層がんばって働かなければいけなくなります。需要と供給の関係を考えれば当たり前のことです。

みんなが一五時に帰って豊かに過ごすというのは物理的に無理ですよね。

それでもあきらめず、次に出てきたのが「シャイニングマンデー」、もう想像がつきますね。月曜日の午前は休みにすることで週末の活性化を図り、需要を創出するというものです。

でも、おそらく導入しても定着しませんよ。日曜日に休んでいる人ばかりではないですし、月曜日の朝休んだら月曜日の夜に仕事がずれ込むだけ。どっちかと言えば朝礼なんかがあって、月曜日はいつもより早く出勤しなければならないのが会社の常識です。
もう少し実現可能で導入しやすい労働時間制度を提案したいと思います。

「働き方改革関連法」の「残業時間削減」にどう対応する？

長時間労働はいけないと分かっちゃいるけど……

二〇一九年四月から段階的に施行される「働き方改革関連法」改正の最も大きな目的は「長時間労働の解消」です。法律の改正、運用は私たちの社会の課題を解決するために行われます。

たとえば、長距離バスで大きな事故が起こった背景に、運転手の長時間労働による過労があり、あるいは大手広告代理店の女性社員の自殺の原因が、長時間労働による精神的な疲弊があり、これを解決するためにより厳しい基準へと法律改正が行われ、課題を解決しようと社会全体で取り組むことになるのです。

さて、事故や自殺のニュースを見聞きした友人がこんなことを聞いてきたことがあります。

「うちの会社って、ブラックなのかな?」

彼女はデザイン会社を経営している社長です。従業員は女性ばかり三名。タイムカードの退勤時間を見ると「二五：〇三」とか「二七：二五」などの数字が並んでいます。「二四：〇〇」が深夜の〇時ですから、夜中の一時とか三時過ぎまで恒常的に仕事をしていることになります。

「まぁ、残念ながら、間違いなくブラックだよね」

と答えると、

「だよねぇ、社員からも疲れた、寝てないって言われるし、分かっているけど残業を減らす方法が分かんないのよね」
と困り顔。このままでは違反まっしぐらなので、対応を考えるべく私が仕事の進め方や内容を観察することにしました。そうすると、ある点に気が付いたのです。

一〇件に一件は仕事を間引いてみよう

残業を減らすと言っても、ただ「帰れ」と言うだけでは、社員は帰りません。和を以って尊しとなす日本の会社で、自分だけ先に帰るなんてよっぽど強いメンタルの持ち主しかできません。

さて、現場の観察をすすめてみると、商品の仕様変更でのやり直しやらクライアントとのイメージが一致しないことによるやり直しやら、とにかく仕事のやり直しが多い。ルーティンの仕事の合間に納期の短い仕事が急に押し込まれ、仕事の中断と他の仕事の着手、リスケジュールのための打ち合わせを繰り返しているから、社員はいつまでも家に帰れない。

名づけて「不具合頻発型残業」です。そこで、私は友人に提案しました。
「仕事を断りましょう」

怒らないでください。「そりゃそうでしょう、仕事が減れば残業も減る。けど、売上も減って会社がつぶれるじゃないか」と、読者の皆さんの怒っている顔が目に浮かびます。彼女も最初は「無理」だと言いました。

ただ、私だって注文があったものを片っ端から断れと言っているわけではないのです。この会社のルーティンの仕事の中には、会社立ち上げ当初に売上が欲しくてたまらなかった社長が採算度外視で受けた注文が、そのままの価格でリピートされている案件がありました。

また、納期が短いにもかかわらず、今月の売上が足りないからという理由で、かなり無理をして受注してきた案件もありました。その案件の請負金額が高いかと言えばそうでもないのです。

そうした、いつの間にか不採算になってしまった仕事や、負担と価格が見合わない仕事の中から、毎月一〇件に一件の割合で仕事を間引くように助言をしました。

友人は疑いながらも仕方なく「受注間引き」を実行。数カ月後、残業はありつつも一番忙しい時期でも社員たちは終電までに家に帰れるようになりました。

ブラック企業を脱出し、売上は微減したのですが、利益は横ばいのまま、もちろん会社はつぶれることなく続いています。

売上思考から利益思考へ

どうしてこのような結果になったのでしょう。

どんなに売上が上がってもそれ以上に経費がかかれば赤字になります。逆に売上が多少下がっても、経費がそれ以上に下がるのであれば利幅は大きくなります。

法定労働時間は一日八時間、これを超えて残業すれば人件費は二五％割増しなければなりません。深夜にかかればもう二五％加算されます。

それにつれて社会保険料の負担も増加します。残業時間が伸びれば伸びるほど人件費の時間単価は割高になるのです。会社に人がいれば水道光熱費もその分かかります。

社員が早く帰宅すれば、その分経費が下がるのです。


売上がほしかったから無理して仕事をとってきて、単価の高い人件費と余分な経費を使って仕事をして、無理をするから不具合頻発。

これはいかにも効率がよくないので、やるべきでない仕事をお断りして、社業をシンプルな姿に戻したら、適正な利益が残って、残業が減りましたという、ごく当たり前の結果が出ただけなのです。

「年商○億円」という売上高にこだわるのではなく、「必要な利益が確保できればOK」という利益思考で考えると自然に労働時間は短縮します。

働き方改革の大きな目玉として、「残業時間の上限規制」が設けられました。二〇一九年四月から（中小企業については二〇二〇年四月から、医療など一部業種に例外はありますが）どんなにせっぱ詰まった場合でも残業は**「最長年七二〇時間、単月一〇〇時間、二～六カ月を平均して八〇時間」**までにおさめなければならなくなりました。

これに違反した場合は「六カ月以下の懲役又は三〇万円以下の罰金」という罰則も定められています。本腰入れて、仕事を間引いてみませんか。

まとめ

残業短縮は売上高ではなく利益で考える。やるべきでない仕事をやらずにすませるのが残業縮減のカギ！

法定労働時間以上働いてもらうためには「時間外労働休日労働協定」が必要

会社側と社員側の代表が連署で協定届を作成し届出る

前節で「残業時間の上限規制」についてふれましたが、もう少し残業について基本的なところを押さえておこうと思います。実はあるドラッグストアの労務相談を受けたとき、「法定労働時間は一日八時間です」と言っただけなのに、社長に、

「何を言っとるか。地域住民の急病が待ってくれるとでも思うのか」

と激怒されたことがあります。朝九時から夜一一時まで元日以外の一年三六四日開店しているそのドラッグストアは、業種こそ小売業に属するものの、社長は「病院が

開いてない時間に地域住民の急病とケガに備える使命を負っている」と考えていて、そのことと「労働時間の法律問題」の狭間で非常にストレスを抱えていたようです。社長は私に責められたような気持ちになったのでしょう。私が切れたらそこで終わりです。私は、「お怒りは分かるのですが、地域のみなさんに信用してもらって安定的に医薬品を提供し続けるためには、まずは社長と従業員のみなさん自身が元気でなければなりませんよね。働きすぎてヘロヘロな人から薬を手に入れても……一緒にもう少し考えましょうよ」

と声を掛けさせていただくと、

「いや実はね、最長何時間まで残業させてもいいもんか、よく分からなくて困ってるんだよね」

との本音も聞かせていただけたりするのです。

法律で定められた所定労働時間の上限は一日八時間、一週四〇時間です（労働基準法第三二条）。

従業員にこれ以上働いてもらうには、従業員の代表との協定が必要になります。これを**「時間外労働休日労働に関する協定届」**といい、労働基準法第三六条の規定がもとになっているので、通称「三六（サブロク）協定」といいます。

会社側の代表と社員側の代表が連署で協定届を作成し、会社を管轄する労働基準監督署に届出をしなければなりません。

協定を届出さえすれば何時間残業させても良いのかというと、これにも上限があります。

一カ月に四五時間、一年に三六〇時間（業種により一部例外あり）。一年一二カ月で、一カ月二〇日出勤で平均すると一日あたり一時間三〇分。協定をしても残業を命じることができる時間は意外と短く設定されているのです。

不測の事態が起こったときは、特別条項が救済してくれる

慎重に人員配置を考えて、残業時間を見積もって協定届を監督署に提出して、法令遵守を目指しても、その通りに進まないのが仕事の現場です。

急に大量のクレームに対応しなければならなくなったり、故障した機材の修理が必要になったり、突発的なことが起こったら……それに対応するために法令違反といわれても気の毒な側面があります。

そんな場合は「特別条項」が救済してくれます。予め「特別条項付」という形で三六協定を締結しておくことによって、「臨時突発的」な事態に備えるため更に限度時間の延長枠を取っておくことができるのです。

【「特別条項」で決めておかなければいけないこと】

①限度時間を超えて労働させる場合における手続き（例　従業員代表に対して事前に申し入れる　等）

②臨時的に限度時間を超えて労働させることができる場合（具体的な特別な事情を記載）

③限度時間を超えて労働させる労働者に対する健康及び福祉を確保するための措置（例　医師による面接指導、職場での時短対策会議の開催、休息時間の設定　等）

④限度時間を超えて残業させる時間数（一日の上限はない。休日労働を含め一カ月一〇〇時間未満、一年七二〇時間未満）（業種、会社の規模により一部適用猶予・除外があり）

⑤限度時間を超えて残業させる回数（年に六回以内）

⑥限度時間を超えて残業させたときの賃金の割増率

「正規の残業時間の枠を超えることができる」条項ですから、長時間労働を助長する可能性があります。あくまでも「特別な事情が発生したときのみ」しか認められません。

また、緊急の場合とはいえ、定められた手続きを取り、健康や福祉を確保するための措置をとりつつ、無理のない運用をします。

二〇一九年四月より様式が一新。以前のものは使えません

【具体的な手続】

❶前項の①〜⑥の必要な内容を労使で合意する。

❷合意した内容について事業所ごとに**協定届を作成する**（企業単位ではなく○○営業所など事業所ごとに作成が必要です）。

❸事業所を管轄する**労働基準監督署に**①を提出する。

協定届の様式は労働局のホームページからダウンロードできますが、二〇一九年四月一日（中小企業については二〇二〇年四月一日）以降に始まる協定届から様式が変更になりました。二〇一八年度以前のものは使えません。

一般条項のみの場合は様式第九号、特別条項付は様式第九号の二ですので、必ず新様式にて届出をしてください。

協定には有効期間（通常一年）があり、この期間が始まる前に協定届の提出が必要になります。この協定は少し特殊で、労働基準監督署に届出たときから有効となります。届出が遅れるとその間の時間外労働は法令違反となりますから、早めに手続きしましょう。

まとめ

通常許される残業は一日平均一時間半。臨時突発的な事情に備えるには「特別条項付三六協定」で労働時間の枠を広げておくことができる。

残業は申請残業制にしよう

「サービス残業を別に指示しているわけじゃないから」と言っても

日本の会社では協調性が重視されるとはいうものの、一方で多様性を重視するダイバーシティの時代です。同じ会社の社員にもいろいろな考え方の人がいて当然です。

たとえば、就業時間についてのとらえ方。毎朝ギリギリに会社に飛び込んでくる社員もいれば、気をつかって早めに出社して嫌な顔ひとつせず作業の準備をしてくれる社員もいます。終業の時間についても似たようなことがあるもので、クライアントから、

「うちの社員は気がつく子たちばっかりでね。終業時間がきても、残って区切りまで仕事をして帰ってくれるから助かってるんだよね」

というお話を耳にしました。

会社から積極的に残業の指示はしていません。だから、残業代は支払っていません。社員が職場の雰囲気を読んで「忖度」して、作業の一区切りつくところまで三〇分とか一時間とか残っているようです。社長は、

「別にこっちから指示しているわけじゃないからねぇ」

と言います。現在、労使でもめごとになっているわけではありませんが、先々何事もないとは限りません。

社員が仕事のことを考えて残業していることに社長は気がついているし、だけど、助かっていて都合がいいのでそっとしておく。

これって結局、社員のやる気に会社が甘えている状態ですよね。放置しておくと、よく気がつく優秀な社員に、より大きな負担がかかっていくことになります。

彼らだって何も思っていないわけではありません。今はことさら問題にしたくない

と思っているだけで、そのうち社員の不満がつのって退職、過去にさかのぼって残業代を請求されるかもしれません。

残業時間をはっきりさせるために、ルール作りを

そこで、残業時間をはっきりさせるために、申請を出してもらうようにしました。社内で次のようなルールを作りました。

「今日残業する社員は、
午後四時までに、
①残業の日付
②業務の内容
③残業しなければならない理由
④残業予定時間
を申請書に書いて、課長に提出すること」

申請書を受け取ったら、課長が仕事の進捗状況をざっくり判断した上で、当日の残

業の有無、時間数を決定し指示を出します。指示に対して、実際に残業をした上で時間数を報告してもらい、その報告に基づいて時間管理を行い、残業代を精算します。

クライアントの会社も最初は上司がうっかり届書を見そびれたり、届書を出し忘れて仕事に没頭してしまう社員もいたりで、なかなか定着しませんでしたが、社長が声をかけ続けることで、数カ月継続するうち社内で習慣化していきました。

「サービス残業も残業」です

どこまでが残業で、どこからが残業でないのか。残業は会社が社員に指示を出し、それに応じて社員が所定労働時間外に仕事をすることを言います。

原則、会社の指示なく社員が勝手な判断で会社に残っている場合は残業ではありません。

ですが、日々仕事をしている上では、そう単純な話ではありません。この会社のように、終業時間になったにもかかわらず、部下が仕事をし続けているのに社長が黙認して放置した場合や、仕事の締め切りの設定やノルマがどう考えても所定労働時間外に作業をせざるを得ない場合は、「残れ」とはっきり命じたわけでなくても、残業の指示があったものとみなされます。

これを「黙示の指示による残業」といい、未払い残業代の請求訴訟でも会社側に対して厳しい判断がたくさん出ています。

「サービス残業は残業」なのです。社員のやる気に頼った仕事の進め方をしていると、「未払い残業代を請求される」リスクがあることを知っていただきたいのです。

現在、未払い残業代は過去二年さかのぼって請求できることになっています。今後、民法の改正が予定されており、早ければ二〇二〇年には五年さかのぼれることになると言われています。

一日一時間でも五年分になると相当まとまった金額が予想されます。いますぐ手を打ってください。

残業を申請制にすると、「必要な残業は会社から正式に指示を出す、その部分に関しては残業代を支給してきちんと社員の働きに報いる、ただし、今日しなくてもいいことはきちんと断って社員に帰宅を促す」という具合にメリハリの効いた労働時間管理ができるようになります。

残業時間をはっきりさせ、はっきりしたものについては潔く残業代を支払う。当たり前の労働時間管理が訴訟リスクを低減するのです。

まとめ

「どこまでが残業で、どこからが残業でないのか」それが問題だ！　残業は申請制にして不要不急の残業は断りましょう。

休憩時間を定義しよう

「喫煙所に行ってる時間は、仕事してないですよね」

突然ですが、あなたの会社には喫煙するときのルールってありますか。そのルールに非喫煙者が納得しているでしょうか。

労働環境の変遷を見るにつけ、本当に大きく変わったのは職場のタバコ事情です。もはや、職場の自席でタバコが吸える会社はほとんどなく、職場内禁煙は常識として定着したように見えます。

ただし、「喫煙なんてとんでもない。タバコなんて百害あって一利なし」という社員がいる一方で、「タバコは嗜好品なんだ。吸えばストレス解消、リフレッシュして生産性が上がるんだよ」という反論も根強くあります。

受動喫煙問題に関しましては226ページを参照していただき、分煙施設等を設置いただけたらと思います。「吸う人は吸う人と吸うべき場所で」なのですが、そこで問題になるのが「タバコ休憩」です。

「喫煙所に行ってる時間は、仕事してないですよね。私たちと給与が一緒って、なんだかなぁ」という非喫煙者からの意見もごもっとも。多様な価値観の社員を対立させずに上手に調整して働いてもらうことも大事な「働き方改革」、会社の腕の見せ所です。

さてこの休憩時間ですが、労働基準法第三四条では、

①勤務の途中で、
②全員一斉に
③仕事から完全に離れて自由に利用できる

ことが必要とされ、一日の労働時間によって与えなければならない休憩時間数が決まっています。

●六時間未満　　　　　　　　○分
●六時間を超え八時間以内　四五分
●八時間を超える　　　　　六〇分

この時間は最低ラインですから、これ以上長くてもかまいません。休憩時間は労働時間ではありません。給与は発生しません。この休憩時間を上手に使って、喫煙者も非喫煙者も気持ちよく納得して働ける労働時間制度を考えます。

こま切れ休憩で吸う人も気兼ねなく、吸わない人もそれなりに

タバコを吸いたい人もいて、でも、タバコがいやな人もいて、よそに吸いに行きたいけど、タバコをよそに勝手に吸いに行くのはずるい。この葛藤、会社主導で「タバコ休憩」を作って解決します。

休憩は勤務の途中で付与すればよく、分けてとってもかまいません。休憩を六〇分としたとき、午前に一〇分、ランチタイムとして四〇分、午後に一〇分、仕事の時間はタバコは我慢し、決められた休憩時間に吸いに行くことにすれば不公平は解消できます。できるのですが……「何？　私たちのランチタイムまで短くなるの？」と非喫煙者のお怒りが聞こえてきそうです。そうなんです。休憩は「全員一斉に」と労働基準法で決められているのです。

労働基準法は古い法律で、工場の生産ラインを想像して作られているのです。ラインを止めて、一斉に休憩するほうが効率のいい時代もあったのですね。

「一斉休憩」は運送業や金融機関、旅館業、病院など例外業種が定められています（労働基準法施行規則第三一条）。それ以外の業種で個々に休憩を取る場合は就業規則

に決めるだけではだめなんです。労使で話し合って協定し、書面にしておく必要があります。

決めるのは社員の範囲と付与方法

手続きについてご説明します。

まず、休憩時間については必ず就業規則に記載しておきます。その上で業種を確認します。

一斉休憩の例外業種は以下の通りです。

- 運送業
- 商業（小売、卸売、理美容）
- 金融業、保険業、広告業
- 映画・演劇業
- 郵便業、通信業
- 保健衛生業（病院、診療所）

●接客娯楽業（旅館業、飲食業）
●官公署の事業

これらの業種であれば協定は必要ありません。
これ以外の業種であれば、労使で協定して届書を作成します。

【協定で定める二つの事項】

①一斉休業を付与しない労働者の範囲（「営業職」「ＳＥ職」のように定めます。「全員」でもＯＫです）
②当該労働者に対する休憩の付与方法（「『正午から六〇分』と『一〇時三〇分から四〇分、正午から一二時四〇分、一五時から一五時一〇分』の選択制」のように具体的に書きます。ほかに交代性などの必要があればそれも列記してください）

これを書面（協定書）にして、会社と従業員代表で記名押印します。この協定書は労働基準監督署に届出る必要はありません。労使双方に異議がない場合、自動更新にしておくことも可能です。

協定に定められた休憩時間のパターンの中から社員個人の選択で休憩してもらいます。これで「吸う人、吸わない人」の労働時間葛藤問題は解決します。社員個々の持つ価値観を会社の仕組みを整えることで調整し、社員同士が対立しないで働けることが重要です。

まとめ

喫煙者と非喫煙者の対立解決には休憩の付与方法を工夫する。ただし、休憩は社内一斉付与が原則。個々に取る場合は労使協定が必要になる。

「一年単位の変形労働時間制」で繁忙期と閑散期の働き方改革

「一日八時間一週四〇時間」と言うけれど……

労働時間の相談もいろいろあるものです。

あるクライアントからこんな相談を受けたことがあります。この会社は手袋を中心とした季節衣料小物を扱う卸売業者です。

「一日八時間、一週四〇時間って言いますけど、うちなんて春先は暇なんで、正直早く帰ってもらってもかまわないんですけどね。でも、一日八時間なんでしょ。九月から一〇月は出荷が立て込んで、それこそ忙しいわけです。そのときも一日八時間。これ、ある意味不公平ですよね。マイナス残業はなくて、プラス残業ばっかり出る仕組みじゃないですか。なんとかならないもんですかね」

マイナス残業というのはかなり斬新な発想ですが、繁忙期と閑散期がくっきりと分かれるような業種であれば、変形労働時間制を使うことによって所定労働時間をトレードすることができます。詳細を確認しましょう。

所定労働時間をトレードする

一年間の中で閑散期の所定労働時間を減らして、その分を繁忙期に振り替える方法を一年単位の変形労働時間制といいます。

一カ月以上一年以内の期間を定めて、その期間の一週あたりの平均労働時間を四〇時間に収めるもので、結果的に暇なときに短く働いた分、忙しいときに長く働いても残業にはならない仕組みです。

ご相談の事例を次に具体的に計算してみます。

この休みを確保した上で、三月と四月の所定労働時間を一日七時間と設定すると、九月と一〇月は所定労働時間を一日九時間にすることができます。

繁忙期は九月と一〇月の六一日、閑散期は三月と四月の六一日として、まず、一年は 365日÷7日＝52・14週 と考えます。

年間休日が一〇五日なら、年間労働日数は 365日－105日＝260日

年間労働時間数は ８時間×260日＝2,080時間

時間数を週数で割ると 2,080時間÷52.14週＝39.89時間＜40時間 で収まっていますので、年に一〇五日以上休みが確保できるのであれば、一週四〇時間に収まることになります。

つまり、忙しいときは九時間まで残業代なしで仕事をしてもらうことができるということです。その分、暇な時期には一日七時間労働になります。社員には早めに帰ってもらってプライベートを充実してもらうことができます。

これが所定労働時間のトレードです。

労使協定の締結が必要

さて、一年単位の変形労働時間制を導入すると、繁忙期には通常の一日八時間労働よりも社員に負担を強いる側面があります。そのため、就業規則で取り決めるだけで

は足りず、社員の代表と協定を結び、会社を管轄する労働基準監督署へ届出る必要があります。

【労使協定の内容】

①対象となる社員の範囲（「社員全員」「製造部職員」などのように決める）
②対象期間と起算日（一カ月超一年以内）
③対象期間における労働日と労働日ごとの労働時間（ただし、労働日は連続六日勤務まで）
④特定期間
⑤協定の有効期間（②の対象期間より長くないとだめ）

この内容をしっかり決めなければなりません。

④の「特定期間」というのは、特に忙しい期間で、③の連続六日勤務以内でも労働時間が足りない場合、さまざまな規制が緩められる特別な期間です。

たとえば、②の最長連続六日勤務が原則であるところ、例外で一週一日休みを確保すればいい、というように緩和されています。

ある週の日曜日を休日として翌週は土曜日を休むと最長一二日連続勤務までが可能になります。

また、いくら労使協定を締結したとはいえ、育児中や介護中、教育訓練中の社員にはそのために必要な時間が取れるように配慮を忘れないことが重要です。

労使は協力関係なのです。忙しいときも気持ちよく働いてもらえるよう仕組みを整えてまいりましょう。

まとめ

所定労働時間はトレードできる。忙しい時期にはがんばってもらい、暇な時期にはプライベート充実で社員の英気を養いましょう。

コラム

上手に仕事を断る方法

私は仕事をしているとつい夢中になってしまい私生活を忘れがちになります。中でも一番手抜きになってしまうのが食事です。気がついたら空腹で家に帰って作ろうなんて気がおこらず、また、私が作るより絶対にお店のほうが美味しいので必然的に外食が増えます。

ということで、事務所近くの某ファミリーレストランにしょっちゅうお世話になります。このお店、料理の味も店員さんの対応もすばらしいし、席もゆったりしていて落ち着きます。

ただひとつ難点が、注文してから料理が出てくるタイミングがよそに比べて遅い。おいしくするには手間と時間がかかるのは分かるのですが、せっかちな大阪人である私にとっては大きなことです。

特にお昼時などはさっと食べて、すっと出たいと常々思っておりました。

ところで、愛するがゆえにこのファミリーレストランについて調べものをしたことがあります。実は震災後の二〇一一年頃から徐々に店舗の二四時間営業を廃止していきつつあるそうです。

私のよく通っている店舗も深夜二時までの営業時間になりました。昨今の人手不足を予測していたのでしょうか。深夜も深い時間になればなるほどスタッフの確保も難しくなります。個々の疲労も蓄積します。

そこで、顧客に対して、営業時間を短くすることによって深夜の仕事を断りました。だからといって、業績が落ちたかといえば、厳しいといわれる外食産業の中でこのチェーン店全体の業績は近年緩やかな右肩上がりを続けています。

深夜の仕事を断った余力をランチや夕食時に活用することで回転率をアップして、昼間の仕事の効率を上げているのです。

おかげで、最近はランチも出てくるタイミングが早くなり、私もイライラすることが減りました。顧客満足度も同時に上がったということですね。

仕事の断り方には他の方法もあります。これまたせっかちな私にはここまでやったらサービスの押し売り、時間の無駄だと思うことがしばしばあります。それもおしゃれな店に多いのです。

たとえば、洋菓子店でショートケーキを二つ買って、「ご進物ですか? お熨斗《のし》は?」「お会計させていただきます」「手提げのビニールにお入れしますか?」と散々待たされたあげく、お金を払って商品を受け取ろうとしたら、「いえいえそんな、お店を出るまでお持ちします」と店の外まで出てお見送り。

たった二個のケーキのためにここまでしていては、労働時間の短縮が難しいのは当たり前です。美味しいケーキのために本当に必要な工程を省くことはできませんが、過剰な接客サービスは消費者のほうだって居心地が悪いものです。

店員さんだってマニュアルだからその通りにやっているだけなのでしょう。とすれば、接客マニュアルの見直しも「仕事を断る」方法のひとつと考えられますね。

自分の会社なら顧客に対してどんな仕事の断り方があるのか、働き方改革関連法の改正を契機に考えてみてはいかがでしょうか。

4

福利厚生

お金をかけずに社員の満足度を上げる環境の整え方

松井

主要な労働条件より強い誘引になった福利厚生

その昔、私は某生命保険会社系人材派遣会社で採用のアルバイトをしていたことがあります。

日々の仕事の大部分は求人広告を出すこと。広告の良し悪しで応募者の集まりが全然違います。

まだ紙媒体が中心でしたし、特に新聞に広告を出すときは悩みました。限られた誌面の枠の中で伝えたいことはいっぱいあり、伝えなければならない情報もいっぱいあり、それでいて字が小さいと見る人が読む気をなくしてしまいます。

隣に掲載される広告よりも目立って求職者の心をぐっとつかむ内容は何か。

時給は決まってます。仕事の時間も大体決まってますし……

「扶養の範囲でのお仕事です」

「派遣先は大手生命保険会社です」

「勤務日数応相談」

はイマイチぱっとせず。それでひねり出したのが、「○○生命保険の保養所利用可無料（信州・淡路島）」

これが一番効きました。応募殺到です。

お金や時間やどこで仕事をするかより、「保養所」？

そうなんです、求人の対象は子供のいる女性です。シングルマザーも多かった。仕事の云々より夏休みに子どもをどこかに連れて行かなきゃいけないんだけど、それがタダなら……どっちみちどこかで働くならココが得かも、と思っていただけたようです。

保養所としてはちょっと古めの地味な建物だったけれど求人には役に立ってくれたし、夏休みや冬休みには派遣社員とその家族がきちんと利用して固定資産の有効活用もできました。

「社員のニーズにぴたーーっと合った福利厚生は、主要な労働条件より強い誘引になる」

この学びは社会保険労務士としての私の仕事にも役に立っています。
さぁ、福利厚生のお話をすすめましょう。

「近距離通勤手当」は社員に好評

あまりにも通勤手当が高すぎて

労働保険の申告や離職票の作成など、折にふれクライアント企業の賃金台帳を見る機会があります。

手続きと直接関係なくても気がついたことはクライアントにフィードバックするようにしているのですが、中に異常に高額な通勤手当を支払っている会社がありました。

三カ月の電車の定期券代が一五万円近くの社員もいます。不思議に思って社長に事情を尋ねたところ、

「高い……ですよね。いい人を探して求人の地域をだんだんに広げ、いいなと思う人から雇い入れていったら遠くから通ってくる社員が増えてしまったんです。でも就業規則で決まってるんだから、電車代は払わなくちゃいけないんでしょ」

就業規則は社員との約束です。社員との約束は守る必要があります。払わなくちゃいけませんが、通勤手当が会社の負担になっているだけでなく、それ以上に社員にとっても長時間の通勤が負担になってはいないか。満員電車の長時間移動はつらい。疲労蓄積もあり、通勤災害のリスクも高まります。

労使互いに楽になる方法があれば、それに越したことはない。そのための提案が次のようなものでした。

近所に引っ越してくれたら手当を支給

通勤を短くするといっても、社宅を用意するほどの資金はかけられません。転居のできない社員もいるでしょうから、強制はできません。でも、長距離通勤はきついと思っている社員もいる。会社は通勤手当のコストを下げたいと目論んでいる。

これを一挙に解決するには、社員が近所に引っ越してきてくれて通勤手当が下がったら、いくらか社員に還元する手当を作ればよい、そんな発想から新設の手当を提案しました。


具体的には、「自宅と会社の距離が六〇キロメートルを超える社員がＪＲ・私鉄在来線、地下鉄通勤定期券で一区（最低金額区間）以内に住居を移転する場合、通勤手当の支給とともに別途月額定額一五、〇〇〇円の近距離通勤手当を支給する」と規定し、「近距離通勤手当」と名づけ、社員に周知しました。

六〇キロメートル超ですと場所によっては月額三万円から四万円の通勤定期代になります。ＪＲの最低区間の一カ月定期なら四、〇〇〇円弱。これだけのコストカットができれば社員に月々一五、〇〇〇円の手当を払ってもおつりがきます。

会社の近所に社員が住んでいれば災害時の安否確認も容易ですし、自転車か歩いて通勤できれば社内の災害拠点要員になってもらうこともできます。退職防止のためにも通勤の負担はできるだけ軽いほうがいいです。

この手当、おおむね社員達にも好評で、これを機会に一人暮らしを始めたり、会社の近所に自宅を購入するなど社員の人生の転機にも影響を与えたようです。「長すぎる通勤は人生の浪費でした」という感想を漏らした社員もいました。なかなかの名言です。

なお、導入には自宅と会社の距離と引越し先と会社の距離は地域性を考慮して、手当の金額は定期代から削減される金額を計算してアレンジしてください。東京では一区間だと家賃が高すぎて引っ越せないかもしれませんね。

お互いがよければ、法に触れない限り変えてもよい

福利厚生には大きく分けて二つの種類があります。法定福利厚生と法定外福利厚生です。

法定福利厚生は健康保険や厚生年金、介護保険、雇用保険などの社会保険料の一部、労災保険料と児童手当拠出金の全額を会社が負担することです。これは法律で定められていますから、必ず会社が負担しなければなりません。

法定外福利厚生は会社が独自に定めるものですので、会社によって様々です。社宅や社員食堂、保養所などの福利厚生施設、住宅手当や家族手当などの各種手当、保険やジムの法人会員などのライフサポートがあって社内で規定を作って運用することになります。

ただ、あくまでも法定外ですので何をするか、しないかは任意です。先の「近距離通勤手当」のように、ある手当を削減した分から他の手当に振り替える等、労使お互いがよければ法に触れない限り変更していただくことが可能です。

ジムの法人会員になっているけれど社員がほとんど使っていないなら、やめてしまって、その分で休憩室にランチ用のスープサーバーを入れるほうが喜ばれるかもしれません。

このように福利厚生といってもお金を使うばかりでなく、コストを削減しながら、社員満足度を向上させる方法もあります。社員のニーズに寄り添いつつ、コスト削減を目指しながら、社員満足度もアップさせちゃいましょう。

まとめ

労使がOKなら、一定の労働条件を変えて、他の福利厚生制度を作ることもできます。社員が困っていることに寄り添えば、コスト削減と社員満足度アップは両立します。

パートタイマーの健康診断を

非正規社員の健康は社業の成績を左右する

社員の健康診断、行っていますか。

常時使用する社員が一人でもいる場合、個人事業主でも法人でも規模の大小にかかわらず健康診断を受けさせる義務があります（社員は受診する義務があります）。

一般健康診断の時期と回数も決まっていて、次のようになります。

【一般健康診断の時期と回数】

①雇い入れ時（雇入時健康診断）
②一年に一回（定期健康診断）
③特定業務従事者の健康診断、海外派遣労働者の健康診断、給食従業員の検便実施ほか

があります。

その対象者は正社員だけでなく所定労働時間が正社員の四分の三以上のパートタイマー・アルバイトも含まれます。「含まれます」と書きましたが、所定労働時間が正社員の四分の三といえば健康保険も厚生年金保険も加入しているような、ほぼ正社員に近い人です。

でも、社会全体でこれだけ非正規労働者の割合が増え、ほとんど全員がアルバイトというような会社もある中で、非正規社員の健康状態が社業に与える影響の比重は、以前より確実に重くなっています。

アルバイトが不健康でしょっちゅう仕事をドタキャンするようでは、安定したシフ

トは組めませんよね。この「四分の三以上基準」は少し古いと思われます。

また、会社で健康診断の対象外になると「健康診断なんか一切うけません」という人も多いです。病気の発見が遅れれば重症化して治療に時間がかかったり、縁起でもないことですが手遅れに、なんてことも考えられます。

従業員の福利厚生メニューとしても健康診断は大切です。

「キャリアアップ助成金健康診断制度コース」が後押ししてくれる

労働安全衛生法第六六条には「事業者は、労働者に対し、厚生労働省令で定めるところにより、医師による健康診断を行わなければならない」とあり、費用は会社負担です。対象外の従業員に対しては費用負担せず、受診機会だけを設けることもできますが、それだとやはり受診率は上がりません。

実は法律で定められた以上の健康診断を実施する場合、費用は助成金が後押しをしてくれます。「キャリアアップ助成金健康診断制度コース」といいます。

具体的には、

●有期労働者等に対して実施する健康診断の制度を新たに就業規則に規定する
●該当者は雇用保険に加入していること、助成金申請時点まで在職していること、社長や取締役の三親等以内の親族でないこと
●四人以上の有期雇用労働者等に規定した健康診断を実施する
●当該の健康診断等を定期的に実施し続ける
●雇入時健康診断、定期健康診断については費用の全額を、人間ドックを実施する場合には費用の半額を会社が負担する
●実施する健康診断の対象者を限定する場合は要件を就業規則に規定する等の要件をクリアするとともに、雇用保険に加入している、労働保険料の滞納がないなど基本的な助成金支給の要件に合致していることが必要です。

金額は一事業所（雇用保険適用事業所）あたり三八万円となっています（二〇一八年度価額）。

四人以上の対象者に健康診断を受けてもらう必要がありますので、そのタイミングでの制度導入が必要となります。

まずはキャリアアップ計画の作成から

申請手順についてご説明します。

まず、事業所ごとに「キャリアアップ管理者」を配置し、労働組合や従業員代表の意見を聴いた上で

❶「キャリアアップ計画」を作成します。作成した計画は事業所を管轄する労働局長の認定を受けます。

❷次に健康診断制度を就業規則に規定し、事業所を所轄する労働基準監督署へ届出ます。

❸キャリアアップ計画期間中に制度に沿った健康診断等を四人以上に実施します。受診費用の領収書や受診の記録が必要になりますから、きちんと書類を保存しておきます。

❹四人以上に実施した日を含む月の分の賃金を支給した日の翌日から起算して二カ月以内支給申請を行い、審査を経て支給決定となります。

このように計画の実施期間や支給申請のタイミングについても厳密に定められていますので、計画を立てる前から申請窓口の担当者と相談しながら進めます。申請窓口は各都道府県のハローワーク助成金センターや労働局職業対策課などとなっています。事業所所在の都道府県によって異なりますので、お間違いのないようにしましょう。

正社員と非正規社員の間での福利厚生を含めた待遇格差をなくしていくことは、今後の働き方改革の流れでもあります。今から取り組んでおいて損はありません。

まとめ

非正規社員の体調も会社の運営に大きく影響します。キャリアアップ助成金を受給しながら制度導入を。社員間の健康格差をなくすことは社員の福利厚生に寄与します。

「資格取得自己啓発支援」

せっかく資格取得を応援したのに、急に辞めたいなんて

英会話やコーチング、簿記など仕事に役立つ資格取得のために、社員が受講する講座の費用を負担している会社もたくさんあるのではないでしょうか。

取得した資格は社員個人の「財産」として一生残るものですし、会社としても社員のスキルが上がれば社業に役立つこともあります。良い取り組みだと思いますが、こんなご相談をいただくことがあります。

「一年は勤めてくれるっていうから、英会話講座の受講料を出してあげたのに、急に辞めたいって言い出して。まだ、講座だって全部終わってないのにそりゃないよと思ってさ。費用をお給料から引いたらだめかな」

気持ちは分かりますが、考えてもみてください。私たちの普段のお付き合いであっても一回あげたものを返してくれ、と言い出せば関係に角が立ちます。

それに賃金から控除できるものは、所得税や社会保険料など法律で決まったものか、労働者の過半数を組織する労働組合や労働者代表と協定したものだけです（労働基準法第二四条第一項）。勝手にいろいろ引かれると社員の生活設計に影響がでます。

一年勤めなさい、と強制してみても出勤してこなくなったら、無理やり引っぱってきて働かせるなんて物理的に不可能ですから、こういった例で実際社員に返金をさせるというのはかなり難しいのです。

こういう事件は起こってしまってからでは遅い。制度の仕組みを工夫しておく必要があります。

貸与型奨学金にしておけばよい

学生対象の奨学金で「教員になったら返済しなくてもいいよ」という制度が昔ありました。奨学金で学んだ学生が、次の世代の学生たちを教える先生になって修学に貢献するのなら、返済は不要ということですね。

これを会社の制度に置き換えて、まとまったお金がないので社員の学びが止まってしまうところを会社が貸付金として支援をし、返済してもらうことを前提にしつつ、一定期間会社に貢献してくれるのなら返済は不要にする**貸与型奨学金の制度**にします。

これならば、会社側は「一年勤めるといったじゃないか」「さもなくば返してくれ」を満たすことができます。

社員側も自己啓発や資格取得の資金を手軽に調達できてスキルアップがはかれますし、一定期間の勤続で返済は免除されるのです。

スキルアップの末、約束の期日より早くもっと良い会社に転職できるならば、もともと返金するのが前提の奨学金ですから、ポンと返して新しい道を進めばいい。会社はちょっと悲しいですが、お金は返ってくるのですから気持ちよく送り出してあげることです。

賠償を予定して社員の足止めをすることはできない

会社と社員の間の労働契約はお互いに対等です。退職したいと思えば退職できる職業選択の自由も憲法で保障されています。

ところが、過去の日本の労働関係においては借金などで労働者を縛り、退職できないようにして働かせるなどの悪しき労働契約がみられました。

労働基準法第一六条では「使用者は、労働契約の不履行について違約金を定め、又は損害賠償額を予定する契約をしてはならない」と定められていて、「一定期間働かなければ資格取得講座の受講料を会社に返さなければならない契約」は社員の足止めを目的とした損害賠償の予定にあたるとして禁止されているのです。

いわゆる「お礼奉公」はあくまでも本人の意思にゆだねられていて、強制できるものではありません。

受講料を貸し付けて、一定期間仕事をした後に返済を免除するのであれば、会社から社員への一方的な意思表示だけで事足ります。社員本人の同意すら必要ありません（民法第五一九条）。

ただし、一点だけご注意いただきたいのは講座の内容です。業務に必要でその資格がなければ仕事ができないような性質のもので、会社の指示で研修を受講した場合は、受講料は社業に関する必要経費ですから会社が全額負担すべきものです。
会社が負担すべきものを社員に貸し付け返済させることはできません。あくまでも社員の自主的な学びを福利厚生制度として応援するものに限られます。

まとめ

約束の期日より早く退職するときにだけ、受講料を返してもらう貸与型奨学金制度で、社員のスキルアップを促進しましょう。

「副業解禁」はやりたいことにチャレンジできる最強のメニュー

禁止するからバレるのであって……

日本型雇用の特徴は「終身雇用」「年功序列」「企業別組合」でした。

新規学卒で企業に就職、職場で教育訓練を受けて年々スキルが上がり、それにつれて昇給、労働条件の交渉も企業単位で行って、社員が横並びの条件で仕事を続け、定年退職金をもらったら年金とあわせて退職後の生活をまかなえる。

なかなか良くできたシステムですが、この企業主導型の働き方は社員とその家族の人生全般に責任を持つかわりに……「退勤後も出勤前もよそで働いちゃダメ」というのが日本の会社の常識でした。

高度成長期はこれで良かったのですが、今や入ってくるものもそれほど上がらないのに、社員の給与だけどんどん上げるわけにはいかず、当然のバランスとして昇給は止まります。

昇給が止まれば社員は余暇で稼ぎたくなる。でも、会社は以前の「よそで働いちゃダメ」のまま。だから、隠れて副業となるわけで、ネット検索してみると「副業　バレない」でたくさんのサイトがヒットします。

副業を禁止するからこっそりする、こっそりするからバレる、知ってしまうと処分をすべきかどうかで会社も悩みが増えます。ならいっそ解禁してしまえば……そんな流れの中で「働き方改革」の一環として、二〇一八年一月厚生労働省は「兼業副業の促進に関するガイドライン」を発表しました。

ただのお小遣い稼ぎにとどまらず、社員が在職のまま新たな知識や技能を修得することができ、自らがやりたいことにチャレンジできる副業解禁は最強の福利厚生メニューです。ルール作りを確認しましょう。

原則OKの届出制に

実は公務員以外の民間企業では副業や兼業は法律上禁止されてはいません。副業解禁に決まった法的手続はないのです。ですが、本業で一日八時間の仕事を終えて、その後に副業をする社員がいたとします。会社としては長時間労働にならないように精一杯配慮していても、他社で働いていれば長時間労働と同じ状況になります。疲労が蓄積して社員が健康を害したり、ミスや遅刻で本業に支障がでる可能性があります。解禁といえども社員の副業状況は会社として知っておいたほうがよいでしょう。社員が副業する場合の取るべき手順を就業規則に定めておきましょう。

【就業規則例】

第○条　社員は、所定の就業時間外において、他の会社等の業務に従事することができる。

2　社員は、前項の業務に従事するにあたっては、事前に、会社に所定の届出を行うものとする。

3　第一項の業務に従事することにより、次の各号のいずれかに該当する場合には、会社は、これを禁止又は制限することができる。
①　労務提供上の支障がある場合
②　企業秘密が漏洩する場合
③　会社の名誉や信用を損なう行為や、信頼関係を破壊する行為がある場合
④　競業により、企業の利益を害する場合

4　前二項の届出をすることなく副業・兼業に従事した社員は、第△条に定める懲戒処分を受けることがある。

原則ＯＫ、社員の健康と会社の信用や利益が危機にさらされるときのみ規制をかけるということで、社員に届出をしてもらいます。

副業のうち他の会社で労働契約を結んで雇われる場合、労働時間は自社と副業の会社の両方を通算して管理します（労働基準法第三八条）ので、労働条件通知書など労働時間が確認できるものを提出してもらいましょう。長時間労働が予想される場合は、時間制限をつける必要があります。**労働時間管理は雇用する側の義務**だからです。

やるかやらないかは自己選択自己責任

副業について届出制をとりましたが、さて、ここで問題がひとつ。
それでもだまって行われる「こっそり副業」をどうするべきか。当然なにかしらのペナルティを与えようということになりますが、気をつけなければならないことがあります。

社内の懲戒処分は後出しで行うことができません。つまり、どんなことを行ったとき懲戒処分になるのかを「予め」社員に明示しておかなければなりません。前頁の〈就業規則例〉の4にあるように、無届での副業が処分対象になることを予めはっきりさせておきましょう。

きちんと届出をして行った副業でも、それが原因で遅刻や欠勤を繰り返したり、会社に損害を与えたときには、これも予め定められた就業規則の懲戒規定にしたがって処分を決めていくことになります。

副業は最強の福利厚生メニューであると書きましたが、やるかやらないかは社員の自己決定にゆだねることになりますし、その結果はすべて社員の自己責任です。就業規則を十分周知することで、社員とのトラブルを避けたいものです。

まとめ

副業解禁は最強の福利厚生メニュー。社員の自己実現を応援します。副業に関する法律はないので、就業規則で手順を決めましょう。

「再入社制度」はもう一度チャンスを与える立派な福利厚生

「一身上の都合」も人それぞれ

社員が辞めていくとき退職届をもらっていますか。退職に関して後で行き違いがないように、ぜひ書面でもらっておいてほしいのですが、文面を見ると理由はたいてい

「一身上の都合」となっています。

これ、どういう意味かご存知ですか。「身の上」の上に「一」がついて「私の身の上」となり、その「都合」ですから、「私の身の上に起こる事柄のため」ということになります。つまり、「自己都合退職をします」ということなのですが、真の理由は人それぞれだと思います。


一〇年ほど前、大阪のクライアント企業に「妻の転勤」が理由で退職した男性社員がいました。

新卒で入社してから十数年キャリアを積んできたのに、一大決心をして全国転勤のある会社にいる妻のキャリアを優先しました。「もし、仙台に支店ができるようなことがあったら、絶対に声をかけてください」と言い残して彼は旅立って行きました。

実はその後すぐ、たまたま仙台に本社のある企業を買収することになり、社長はそのことを彼に連絡しました。

あまり期待していなかったそうですが、「忘れずに連絡をくれてうれしい」と即断即決で子会社に就職。今では現地責任者としてその会社を任されるまでになっています。

仕事や職場に対してネガティブな感情をもって退職する人ももちろんいますが、退職していく人に話を聞くと「やってみたら育児が大変すぎた」「留学して勉強したい」「夫の転勤」等辞めたくないのに辞めざるを得ない、会社が嫌なわけじゃないという人も意外と多いのです。

時期が来ればもう一度会社で仕事がしたいという社員に再入社のチャンスを。これを制度化すれば立派な福利厚生になりますね。

退職者を再び雇い入れるために社内制度まで引き上げる

一度退職した社員を再び雇い入れる「再入社制度」を導入するには、就業規則のほかに付属規則として「再入社規則」を設けるとよいでしょう。この規則で決めておくべきことは以下の通りです。

【再入社規則】

- **対象となる社員の資格要件**（勤続○年以上、「病気療養」「介護」「育児」等退職の理由、退職日から○年以内など）

●再入社応募のための手続き（退職時の手続き、再入社時の手続き）
●再採用の選考の手順（優先募集・優先採用の概要、在職時のスキルや実績の取り扱い、面接や適性検査の実施等）
●採用後の労働条件の決め方（賃金、昇給、労働時間、配置、試用期間など）

一度退職した社員を再び雇い入れたことがある会社は、六七％というデータがある中で、それを会社の制度として設けている会社は一二％にとどまっているようです（※）。客観的な基準や手続きが明示されないまま退職社員を再入社させると、既存の社員の中には面白く思わない人も出てきます。

ずっとがんばってくれている社員のモチベーションを維持しつつ、退職者の再入社を円滑に行うために「社長のお手盛り」でなく、社内制度まで引き上げておくことが重要です。

「隣の芝は青くなかった」を経験

一度退職した社員に再チャレンジの門戸を開くことは、望まない退職をした人への経済的救済になるばかりでなく、即戦力としての雇用ができ教育訓練のコストも抑えられることから会社にもメリットがあります。

お互いにどんな人か、どんな会社かをわかった上で労働契約するのですから、「こんなはずじゃなかった」という入社後のミスマッチも防げます。

もうひとつ、私が考える会社にとっての一番大きなメリットは「隣の芝は青くない」効果です。

中には転職を希望して退職した社員もいるでしょう。社長だって人の子、その社員をもう一度受け入れるのは覚悟がいりますが、他の会社を見てきてやっぱりここが良かったと選ばれることは、会社として誇りに思って良いと思うのです。

同じ会社に長く勤めていると自社の良いところが社員にとって当たり前になりがちです。「隣の芝は青くなかった」経験をした社員がきちんと活躍できると示せば、社内全体に自社の魅力をアピールすることにもなります。

これは既存の社員の退職を踏みとどまらせる効果も期待できます。

多くの会社で再入社の取り組みが行われていることもあり、人手不足が叫ばれる昨今、再入社を会社の制度にしておくことも、ひとつの選択肢として検討してみる価値があるのではないでしょうか。

まとめ

一度退職した社員に再チャレンジの機会を提供する「再入社制度」は人手不足解消や教育コストのカットだけでなく、自社の魅力をアピールできる福利厚生制度です。

※エン・ジャパン　人事のミカタ　二〇一六年一月二〇日～二月一六日
有効回答数二一二〇　「出戻り社員（再雇用）について」アンケート集計結果リポートより

コラム　自販機にスープを

「福利厚生なんかお金がたくさんある大企業の話でしょ。そんなにお金はかけられないよ」

それでいいと思うんです。

ある会社の二代目社長にこんな話を聞いたことがあります。

その会社は理容美容機械と資材の卸売業、倉庫作業は夏暑く、冬寒い……なんていうことを二代目は知りません。現場を知らなくても社長にはなれますが、しっくりいくはずがありません。困った困ったと飲みに誘えば、

「飲んでる場合か」

と社員から言われ、社内旅行を企画すれば、

「そんな金があるなら昇給してくれ」

と何をやっても空回り。そこまできて初めて、二世社長、足元を見る。社内を

回って初めて倉庫作業の現実を知ります。冬寒く、夏暑く、みんなランチはお弁当。

そこで、休憩室に電子レンジを一台、それと自動販売機のラインナップをコーヒーとジュースに加えてコンソメスープとコーンスープを追加しました。

「ジュースはパンの時で、コーヒーは食後に飲むものでしょ。お米のごはんとはあわないし……」

というのが社長の二世らしいご意見でした。でも、これが倉庫内でかなり好評で、人の心って不思議ですが、たったこれだけで「社長って割と良いヤツかも」という評価になり、そうなると社長も気を良くして、一杯五〇円だったドリンクを無料にし、タダになったら「社長はおぼっちゃまの割に良くできた人だ」と昇格していきました。たかがスープ、されどスープ。食べ物の恨みは怖い……とも言いますしね。

そんなに大きなお金をかけたわけではありません。いえ、たくさんお金をかけようとしたら逆効果だったのです。

社員が何に困っているのか。それに寄り添って、職場の環境を整えること。仕事は人がやるものです。気持ちが行動に出る。現場のコミュニケーションが良くなれば、もめごとは圧倒的に減るのです。これがＡＩと違って人間の面白いところですね。

「金使わんと気を使こて」

これが私の思う理想の福利厚生制度の形です。

5

女性とシニアの活用

助成金と社会保障を使えば活躍のフィールドはもっと広がる

松井　お金をかけずに、もらえるものはもらいながら環境を整えていく

ここでは女性とシニアの課題について考えてみたいと思います。

私がこの章で一番伝えたいのは「お金を使わなくても使える制度で働きやすい職場環境を作ることができる」ことです。

「女性は三歩下がって」は古すぎるとしても「老いては子に従え」という考え方は結構最近までありましたよね。そこから、「一億総活躍」「次世代育成」を目標に、女性も高齢者も元気で外に出て働き続けられる社会を作ろうとしているのです。国としても全部を民間に委ねて「あとは現場でよろしくね」というわけにはいきません。

二〇一七年一〇月改正の育児介護休業法では、今まで最長一年六カ月だった育児休業を最長二年まで延長しました。この制度はかなり助かった。

保育所に預けようにも「待機児童」の問題って深刻なんですよ。特に都市部は新年度が始まり子供たちが小学校にあがるタイミングでしか新規の入所が難しい

です。

そうすると子どもの生まれ月によっては新年度の入れ替わりの波に乗りづらい場合もあって、二年あれば年度初めが二回ありますから、入所はほとんどの場合うまくいきます。もちろん、雇用保険の育児休業給付も受給期間が延長されています。

シニアの活躍もそうです。従前は六五歳以上で新規雇用された社員には雇用保険の加入ができませんでしたが、二〇一七年一月以降加入ができるようになりました。それも二〇一九年度分まで保険料は免除です。

このようにいろいろ制度ができているにもかかわらず、中には情報が浸透していないのか中小企業では使いきれていないものが結構あるのです。

お金をかけずに、そして、もらえるものはもらいながら環境を整えていく、それが松井流です。

高年齢雇用継続給付は国が継続雇用の応援をする制度

シニアの給与は下げざるを得ないから

二〇一三年四月、高年齢者雇用安定法が改正され、社員を満六五歳以上まで雇用し続けるシステムを導入しなければならなくなりました。

具体的には「定年を廃止する」「定年を満六五歳以上に引き上げる」「定年は満六〇歳に据え置き、希望者全員を満六五歳まで再雇用する」のうちどれかをとることになるのですが、改正から五年以上経過した現在、振り返ってみれば再雇用制度を導入している会社がほとんどです。

定年を引き上げるとなると会社も人件費が重たくなりますし、社員側でも定年退職金が六五歳まで入ってこないとなるとライフプランが変わってしまいますので、六〇歳で一区切り、そこから先は一年ごとに継続雇用を考えていくのが労使互いに利害が一致しているのでしょう。

再雇用はいったん退職して新たに労働契約を結びますので、労働条件が変わります。役職から離れることになれば役職手当はカット、職分が変わって嘱託社員となれば労働時間は変わらなくとも給与は下げるケースがほとんどです。

現役世代と同じ賃金カーブで給与を支給し続ければ、若年層の給与にシワ寄せがいくので企業としても下げざるを得ないのが泣き所。

もちろん、働く意義はお金だけではないでしょうが、「こんな給与ならすっぱり退職しようか」というシニアもいるでしょう。しかし彼らの知恵と経験、退職なんて実にもったいないです。

そんなときに是非活用してほしい、在職のまま受け取れる雇用保険の給付金があります。

各月の賃金が六〇歳時の七五％未満になったら給付

雇用保険といえば「失業したときにもらえる」イメージが強いと思いますが、在職のまま支給される給付金もあります。高年齢雇用継続給付もそのひとつです。

シニアになって給与が下がったら、本来なら退職してしまおうかと考えても無理はありません。退職してしまえば雇用保険から失業等給付をしなければなりませんが、そこをなんとか働き続けてもらえるなら、給付金を出して国が継続雇用の応援をしましょう、という制度です。この制度を使って、給与の再設計を提示しましょう。

【高年齢雇用継続給付】

●六〇歳到達時に通算五年以上の雇用保険被保険者期間がある社員が対象。
●支給期間は満六〇歳から満六五歳までで、各月（支給対象月）の賃金が六〇歳到達時の賃金の七五％未満になった場合に支給。
●六一％以下に低下した場合、各支給対象月の賃金額の最大一五％が社員本人に対して支給される。

ただし、この給付金は働き続けるシニアの生活の下支えを目的としているので、給与があまり高いと支給されない（二〇一八年八月現在、各月の賃金額が三五万九八九九円を上限としています）。

たとえば、六〇歳到達時の賃金が月額三〇万円の場合、六〇歳以降月額賃金が一八万円になると六〇％に低下していますから、一八万円の一五％で月二万七千円が支給されるといった具合です。この給付金は非課税で受け取れますので申告の必要はありません。賃金が下がれば社会保険料も所得税も下がりますので、手取で考えると給与の下げ幅は圧縮することが可能です。

六〇歳到達時からこの給付金をもらい始めて、仕事を継続していただきます。老齢厚生年金の支給開始年齢まで雇用をつないでいけば賃金と高年齢雇用継続給付金、在職老齢年金と収入を三本柱でかまえて更に手取額をアップしつつ、賃金額の再設計をしながら継続雇用制度の維持をしていくことができるのです。

六〇歳になったら、まずはハローワークに賃金登録を

手続きをご説明しましょう。窓口は会社を管轄するはハローワークです。

社員が六〇歳に到達しましたら、賃金の登録をします。この賃金が基準になります。

【高年齢雇用継続給付の手続き】

❶雇用保険被保険者六十歳到達時賃金月額証明書
❷賃金台帳
❸出勤簿
❹労働者名簿
❺被保険者の年齢を証明する書類（運転免許状の写しや住民票の写しなど）

この登録は賃金が下がらなくても行っておきましょう。この書類を提出すると賃金月額証明書がハローワークから交付されます。

実際に下がった賃金が支給されるとその月は支給対象月となります。

初回申請は、交付された賃金月額証明書に高年齢雇用継続給付受給資格確認票・初回高年齢雇用継続給付金支給申請書と賃金台帳や出勤簿を添付して申請し、審査が終われば給付金が社員の銀行口座へ直接送金されます。

二回目以降はハローワークから申請期間が指定されますから、それにしたがって二カ月に一回、給付金申請を行います。
雇用保険は会社も社員も保険料を負担している公的な保険です。長年保険料を負担したのですから、上手に活用いたしましょう。

まとめ

シニアの再雇用時には高年齢雇用継続給付を活用します。社員が六〇歳になったら、必ずローワークへ賃金登録を。そこから手続きが始まります。

社会保険の同日得喪で保険料をすぐに下げる

本来、社会保険料は三カ月たたないと下がらない

前節でも触れましたが、社員が定年後再雇用される場合、新たに契約を結びなおしますので、賃金は大幅に下がるケースがほとんどです。

ところが賃金が大幅に下がっても、すぐに下がらないのが社会保険料です。社会保険料とは健康保険料と介護保険料、厚生年金保険料の総称です。

これら保険料は「標準報酬月額」に保険料率をかけて計算します。「標準報酬月額」は保険に新規加入したときに決定され、その後は、原則、毎年一回、七月一日になる前の三カ月（四月、五月、六月）に支払われた基本給や通勤手当、役職手当、残業代などの各種手当を合計した総支給額の合計を三で割って平均した額をもとに決定されます（定時決定）。

昇給や降給のために基本給など固定的賃金が大幅に変更されれば、これも三カ月平均を取って、四カ月目に「標準報酬月額」が改定されます（随時改定）。

まとめますと、賃金が大幅に下がっても三カ月間は以前と同じ高い保険料を支払わなければならず、四カ月目にやっと保険料が下がり、賃金の下がり方が小幅だと、次の定時決定までずっと保険料が下がらないままなのです。これは会社にとってもシニア社員にとってても負担が大きいということで、実はすぐに保険料を下げる方法が用意されています。

保険料の減額と老齢厚生年金の増額、二重にうれしい

社会保険料をすぐに下げるために「同日得喪」という制度があります。具体的には社会保険の資格を退職の翌日に「喪失」させて、「同じ日に」新たに同じ会社で資格を「取得」する手続を取ります。こうしておくと、新規加入の時と同様に扱いますので、下がった賃金で標準報酬月額を決定し、すぐにその月から保険料を下げることができます。社会保険料は労使折半ですから、これは会社にもお得な制度です。

「同日得喪」は、六〇歳以降に退職し、一日の間もおかず、同じ日に同じ会社に再雇

用される場合にのみ手続きが可能で、六〇歳以降なら定年以外で再雇用になった場合もＯＫ、再契約のたびに賃金が下がれば何度でも手続きすることができます。

おまけに、老齢の年金を受給しながら働くシニアの場合、受け取る年金額にも「同日得喪」が影響します。

働きながら年金をもらうと年金がカットされます。これを「在職老齢年金」といいます。六〇歳から六四歳までは老齢厚生年金の月額と標準報酬月額＋標準賞与額（過去一年の支給された賞与から計算します）を一二で割ったものが「二八万円」を超えてくると年金の一部または全部が支給停止になります。

六五歳以上の場合は「二八万円」を「四七万円」と読み替えてください（二〇一九年度価額）。標準報酬月額が早く下がれば、早めに受け取れる年金の額が増額することになります。

保険料の減額と老齢厚生年金の増額、二重の意味で働くシニアのお財布にやさしい「同日得喪」、忘れずに届出をしなければなりませんね。

事業主の証明をつけて申請を

手続きについてご説明します。再雇用の契約日から五日以内に会社を管轄する年金事務所に以下の書類を提出します。

【「同日得喪」の手続き】

❶健康保険厚生年金保険被保険者資格喪失届
❷健康保険厚生年金保険被保険者資格取得届
❸健康保険被扶養者届（扶養家族がある場合）
❹厚生年金被保険者ローマ字氏名届（外国籍の方の場合）
❺手許にある健康保険被保険者証（扶養家族分も含めて全員分）
❻継続雇用に関する事業主の証明書（様式は年金機構のＨＰからダウンロード可）

会社が健康保険組合に加入している場合は、書類の提出先は健康保険組合となります。新たに資格を取得しますので、健康保険被保険者証は新しいものと差し替えになります。病院にかかっている社員やご家族もいると思いますから、被保険者証がいったん回収になることを早めに説明してあげるとよいでしょう。
ちなみに、賃金が増額になる場合はこの手続を見送ることができます。保険料がすぐに上がってしまいますから、賃金が減額になるときにだけ手続きしてください。

まとめ

賃金が下がっても何もしなければ社会保険料はすぐに下がりません。事業主の証明をつけて「同日得喪」の手続を忘れずに行いましょう

特定求職者雇用開発助成金がシニアの新規雇用には支給される

シニアの新規採用はチャレンジだ

「一億総活躍」「人生一〇〇年時代構想」と内閣府が旗振りをし、何歳からでも新しいチャレンジができる経済社会を目指そうという考え方に大きな反対はないように思うのです。

ですが、これが直接自社のこととなると事情は少々変わってくるようで、シニアを積極的に新規雇用できるかといえばなかなか難しい側面があります。体力や健康面で個人差があるとか、高齢者に適した職種がないとか、それ以外にも「できすぎるシニア」が摩擦を起こす例もあって、実は私のクライアントの会社でも問題が起きたことがあります。

その会社はちょうど社長交代の時期でしっかりした総務・経理の即戦力エキスパー

トが必要でした。そこで、有料職業紹介事業者を介して企業再生でテレビ番組にも取り上げられたことのある元敏腕銀行家のシニアを雇用しました。

これで会社のバックヤードは任せられる、彼の持つノウハウや銀行の人脈にも期待が寄せられました。

ところが、入社後一年を待たずに彼は退職してしまいます。

彼には良いも悪いも前職での経験がありました。経理処理などは問題なくこなすのですが、全ての面で「このやり方がベストだから」と仕事の進め方は前職の流儀を貫こうとしました。

たとえば、自由参加だった朝礼を全員強制参加にしました。「朝は全員顔をあわせたほうがコミュニケーションが良くなる」というのが彼の持論でしたが、シングルマザーが多いその職場で、朝三〇分出勤時間を繰り上げるのは週一回とはいえ社員にとってハードルが高く、現場がボイコット。他の社員と摩擦をおこしてしまったのです。

正論が、どの職場でもフィットするとは限りません。一時が万事この調子で、退職となりました。

退職は彼の側からの申し出でした。慰留しようにも聞き入れてもらえません。退職しても年金があります。退職金も持っています。経済的に困るわけではないので、仕事にモチベーションが持てなくなると即退職となりがちなのが、シニア社員の特徴でもあります。

シニアにとっても新しい会社に就職することはチャレンジですが、受け入れる会社の側にとってもシニアの新規雇用はチャレンジなのです。

このような多少のリスクを乗り越えてでも、「一億総活躍」「人生一〇〇年時代構想」に共感して、シニアの新規雇用にチャレンジしていただけるなら、国の助成金が後押しをしてくれます。

生涯現役コースは六五歳以上のシニアを雇用したとき

助成金の名前は「特定求職者雇用開発助成金」といいます。この助成金は二〇一七年度から二つのコースが設けられています。

①特定就職困難者コース

六〇歳以上六五歳未満のシニアを雇用。助成期間は一年。

支給金額は一名当たり短時間労働者四〇万円、短時間以外の労働者六〇万円

②生涯現役コース（二〇一七年度新設）

六五歳以上のシニアを雇用。助成期間は一年。

支給金額は一名当たり短時間労働者五〇万円、短時間以外の労働者七〇万円

（二〇一八年度額　いずれも金額は中小企業に対する金額）

短時間労働者とは週所定労働時間が二〇時間以上三〇時間未満の者、短時間以外の労働者とは週所定労働時間が三〇時間以上の者を指します。

【支給要件】

- 該当のシニアをハローワークまたは一定の職業紹介事業者等からの紹介で雇用する
- 雇用保険の被保険者として雇い入れ、継続して雇用し続けることが確実である

（ただし、生涯現役コースは一年以上継続雇用でOK）

このほかに労働保険料の滞納がない、反社会勢力とかかわりがない等の基本的な要件をクリアすることが必要です。

減っていく日本の人口、増えていく高齢者比率。生産年齢人口（満一五歳～満六四歳）は二〇一八年一一月現在七、五四一万人（総務省労働力調査）。これが二〇三〇年には六、八八九万人になると予測されています。

ざっと一一年ほどで六五〇万人減少するとなれば、今でさえ人手不足なのに更に厳しい状況が待っています。助成金を活用し、有望なシニア人材を迎え入れましょう。

まず、ハローワークに求人票を出すところから

【特定求職者雇用開発助成金の手続き】

❶ハローワークや職業紹介事業者に求人を出します。対象者の紹介を受けます。このときの紹介状は後で必要になりますので紛失しないようにしてください。雇用をしたらその旨をハローワーク等に報告し、社員の雇用保険の資格取得手続きを取ります。

❷雇い入れ後、概ね三～四カ月後に初回の申請書類が郵送されてきます。

こちらから書類を取りに行く必要はありませんが、直接会社に送られてきますから、紛失しないように郵便には気をつけておいてください。

❸初回の申請は雇用から半年を過ぎたらおよそ二カ月以内に、詳しい申請期限は送られてくる書類に記載してありますので遅れないようにします。

遅れたら申請できません。

❹紹介状の原本、社員の賃金台帳や出勤簿、会社の履歴事項全部証明書、労働条件通知書や社員の年齢を証する書類等を申請書に添付し、申請窓口に提出します。申請窓口は会社を管轄するハローワーク、各都道府県の労働局助成金センターや労働局職業対策課等です。

❺申請書類が審査され、支給決定通知書が届いたら助成金の支給（半期分）となります。一年後には二期目の申請も必要となりますので、忘れずに申請してください。

まとめ

シニアの新規雇用は助成金が支給されます。生産年齢人口が急速に減っていく中でシニア人材を活用し、人手不足を乗り切りましょう。

育児休業後の社会保険料の特例

女性活躍のカギは復帰にあり

「女性活用」という言葉に違和感があります。「活用」というと誰かが誰かを「活かして用いる」ということですが、女性が職場で自分らしく力を発揮してキャリアを積むのですから「活用」ではなく「活躍」だと私は考えています。

女性の宿命として出産があります。労働基準法では産前六週（双子以上の場合は一四週）産後八週は仕事をすることができません。これは母性保護のためです。

その後は育児介護休業法に基づき、原則子どもが満一歳まで、保育所に入所できないなど事情がある場合には、最長満二歳までの育児休業を取得することができます。

これは本人の選択です。一九九一に制定されてから改正が繰り返され二十数年の時を経て、ようやく各企業に定着してきました。

長期に休業できる制度が整っていることは、女性が出産をサポートするには大切なことですが、休みの後の復帰のほうがより重要だと思うのです。うまく職場復帰してできるだけ長く働き続け、できれば女性社員が生涯にわたってキャリアを積んでいける、これが本当の「女性活躍」ではないでしょうか。

産前産後休業、育児休業で会社を休業している期間について、社会保険料は本人負担分も会社負担分も免除となります。

労使ともに保険料の負担はありませんが、健康保険被保険者証は通常通り使用できますし、厚生年金には休みに入る前と同じ状態で加入しているものとして取り扱われます。ですので、復職すれば休業に入る前と同じ状態で保険料が徴収されます。

復帰後、出産前の働き方にすぐ戻れるのならば問題ありません。ですが、お産も子育ても個人差があります。

出勤日数を減らしたり、時短勤務のように就業時間を短くすることがあるかもしれません。そうなれば給与は下がるのですが、184ページの保険料決定の仕組みがあって、すぐに社会保険料（健康保険料、厚生年金保険料、介護保険料）は下がりません。収入が減って社会保険料はフルタイムのときのままだと、社員の手取は大幅に減って、家計が苦しくなります。

会社としても社員に支払う給与水準以上の社会保険料を負担することになり、せっかく復帰社員を迎え入れたにもかかわらず負担感が増すばかり。

これでは本当の「女性活躍」が進んでいきません。実は社会保険には子育て期間に限って改定の特例があるのです。社員にも会社にもメリットのあることですから、必ず忘れずに手続きをしましょう。

時短勤務で利用できる社会保険の二つの特例

出産育児が契機となり給与が下がってしまったら、特別な手続きをすることによって保険料を下げることができるのです。

育児休業終了日の翌日が属する月以後三カ月で標準報酬月額を再算定します。休業前の報酬月額と一等級でも差が出れば（つまり、少しでも保険料が下がるなら）、四カ月目から報酬に見合った保険料に下げることができるのです。

ただし、あまり休みすぎていると給与が低いのは当たり前ですから、その三カ月のうち少なくとも一カ月以上、給与の支払い対象となった日が一七日以上あること（月給であれば暦日数です）が条件になっています。

たとえば、三月一〇日に育児休業が終了し三月一一日に職場復帰し、三月支給の給与から変更があった場合、三～五月の給与を平均して新たな報酬月額を算定しますが、給与支払い対象となった日が一七日未満の月は除いて算出し、六月分の保険料から新たな標準報酬月額に基づいた保険料を支払うことになります。

さて、保険料が安くなることはありがたいことですが、一つ気がかりがあります。健康保険料や介護保険料とともに厚生年金保険料も下がります。厚生年金は負担した保険料の額によって年金の額を計算する仕組みです。保険料が下がれば将来受け取る年金も減ってしまいます。この点でも子どもを養育しながら働く社員には優遇があります。

子どもが三歳になるまで出産前より給与が下がったことで厚生年金保険料が下がっても、年金の額を計算するときには子どもを生む前に負担していた保険料を払ったのと同じにみなしてくれる特例があるのです。この特例は育児休業を取ったかどうかは関係なく、満三歳未満の子どもを養育していることが条件ですので、男性社員にも適用があります。また、転職して給与が下がった場合でも、転職先で手続きをすれば適用を受け続けることができます。

社員の負担をできるだけ少なくして、円滑に職場に戻ってきてもらうことが人材確保につながります。

自主的に申請する必要あり

手続きをご説明します。次の書類を日本年金機構のホームページからダウンロードします。必要事項を記入し、会社を管轄する年金事務所か日本年金機構の事務センターへ提出します。

保険料を改定する書類は、

❶健康保険厚生年金保険育児休業等終了時報酬月額変更届

です。添付書類は必要ありません。

厚生年金額計算時の特例を受ける書類は、

❷厚生年金保険養育期間標準報酬月額特例申出書

で、これには戸籍謄本（抄本）か戸籍事項証明書を一通と住民票を一通添付します。子どもとの続柄や同居して養育していることを証明するためです。各証明書はコピーは不可、必ず原本を添付します。住民票はマイナンバー個人番号の記載がないものを取り寄せてください。

最後に一つ大切なことがあります。この手続きは年金機構側からの手続きの連絡はありません。自主的に気がついて、手続きを行わなければなりませんから、お産をされる社員がいらっしゃる場合は、必ずこの特例のことを思い出してくださいね。

まとめ

「円滑な職場復帰」こそが「女性活躍」のカギです。育児休業後の社会保険料には特例があり、社員が損をすることなく、労使の社会保険料負担を下げることができます。

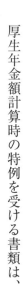

フレックスタイム制を導入する

「短くするより、ずらせないかな」

育児休業は、休むことより復帰後のほうが大切だと前節も書きました。育児介護休業法では子どもが満三歳になるまで、一日に原則六時間までの育児時短勤務制度制度を利用できます。ところがこれがどうも評判が良くないのです。

育児休業明けの社員の方々からお話を聞くと、

「時短より勤務時間をずらせないかな。ちょっとずらせたら、八時間働けるのに……」

という声が多いのです。

所定労働時間が一日八時間である社員が、育児時短勤務を使い一日六時間勤務をすると、給与が八分の六になります。保険料での特例が使えるものの手取賃金はどうしても下がってしまうのです。

「朝は夫が保育所に送るから、私は早めに出勤できるの。八時から一七時なら問題なく八時間働けるのに、やっぱりお金が減るのはきついな」

と聞くと、社員によっていろいろな生活のパターンがあるし、できればがっちり仕事をしてほしい会社にとっても、時短勤務がベストなのかは疑問です。

加えて、時短勤務制度は子供が満三歳までですが、子育てで手のかかる時期はそのあとも続いていくことを考えると、他の方法も模索したほうがよさそうです。

多様な働き方を推奨する「働き方改革」

「ちょっとだけ勤務時間がずらせたら……」こんなときには、勤務時間をフレックスタイムにすることをお勧めします。

フレックスタイム制とは始業や終業の時刻を社員が自分で決めて働くことができる

制度です。この制度を導入して出勤退勤時間を調整することによって、社員の育児時間を確保しつつフルタイムでの職場復帰をしやすい環境を整えます。

時間外労働は一定の期間（清算期間）で週平均四〇時間の範囲であれば個々の日、週について八時間ないし四〇時間を超えて働くことがあってもカウントしません。

これまでこの清算期間は「一カ月以内」とされていましたが、二〇一九年四月から「三カ月以内」まで延長されることになりました。これも多様な働き方を推奨する「働き方改革」の一環です。

たとえば、八月は短めに働いて夏休み中の子どもたちと過ごす時間を確保しつつ、学校が始まる九月には長めに働くといった柔軟な働き方が可能になり、ワークライフバランスの向上につながります。

また、三月は繁忙期なので長めに働き、その分を閑散期の五月で短く働いて調整するといったことが可能になります。

清算期間内に平均で法定労働時間以内にすれば、残業代の支払いは原則必要ありませんから、繁忙期の残業代抑制にも寄与します（例外として週平均五〇時間超になった場合は、月ごとに残業代の清算が必要です）。

フレックスタイム制は人材を確保しつつ、残業代を抑制しながら、社員にも柔軟な働き方が提供できる制度なのです。

清算期間が一カ月を超える場合は届出が必要

フレックスタイム制導入には就業規則での取り決めと労使協定が必要です。

まず、就業規則に「始業時刻と終業時刻の両方を労働者にゆだねる旨」の記載をします。

【規定例】

第〇条　第〇条の規定にかかわらず、小学校就学未満の子を養育する従業員にはフレックスタイム制を適用する。

第〇条　フレックスタイム制が適用される従業員の始業および終業の時刻については、従業員の自主的決定に委ねるものとする。ただし、始業時刻につき従業員の自主的決定に委ねる時間帯は、午前七時から午前一〇時まで、終業時刻につき従業員の自主的決定に委ねる時間帯は、午後四時から午後八時までの間とする。

②　午前一〇時から午後四時までの間（正午から午後一時までの休憩時間を除く）については、所属長の承認のないかぎり、所定の労働に従事しなければならない。

第○条　清算期間は一カ月間とし、毎月一日を起算日とする。

②　清算期間中に労働すべき総労働時間は一六〇時間です。

第○条　標準となる一日の労働時間は、八時間とする。

第○条　前条に掲げる事項以外については労使で協議する。

次に労使で協定を締結します。

【協定で決める内容】

①対象となる労働者の範囲

②清算期間
③清算期間における総労働時間
④標準となる一日の労働時間
⑤コアタイムとフレキシブルタイム

「コアタイム」とは一日のうち必ず勤務しなければならない時間で、「フレキシブルタイム」とはこの時間のあいだで始業・終業時刻を決定すればよいという時間です。最後に会社を管轄する労働基準監督署へ届出をします。

清算期間が一カ月以内であれば就業規則の変更部分のみを届出ればOKです。清算期間が一カ月超の場合は就業規則と共に労使協定書も届ける必要があります。

まとめ

「休業」「時短勤務」だけでは女性活躍実現は難しい。育児休業からの復帰はフレックスタイム制で朝夕ちょっと時間調整して、フルタイム勤務を目指してもらおう。

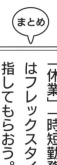

コラム　女性にとって働きやすい職場は全員にとって働きやすい

お仕事版オンナの一生と申しましょうか、女性の年齢階層別就労率をグラフにすると「M字型カーブ」を描くといわれています。

一つ目のピークは学校を卒業して就職するあたりの二〇代中盤あたり、そこから妊娠出産育児期を迎えいったん下降、そして子どもの手が離れた四〇代で二度目のピーク、五〇歳あたりから下がっていく状況がみてとれます。

五〇歳から下がっていく？　出産育児の離職も問題だけどこっちも大問題じゃないかなぁ。定年が六〇歳と考えると一〇年早い……これってやっぱり理由は親の介護じゃないかと思うんです。

私も同世代。昨年父が前立腺がんで入院してなかなか体調が戻りませんでしたが、ちょうど両親が後期高齢者世代にさしかかり、体調不良や認知症が出る頃です。周囲をみると、自分の両親だけじゃなく夫の両親も同時にお世話をしている「一人四人介護」の五〇代が複数います。

ついでに夫の面倒もみて、一人で五人の世話をしていたら、働く時間も気力もなくなっちゃうよなぁと思うのです。

そもそも、私たちの世代ってパワーがあるんです。子どものころは高度成長期。今日より明日、明日より明後日が良くなる予感の中で育ちました。

花も嵐も踏み越えて、男女雇用機会均等法施行前後に就職、二〇代にバブルを体験し、その後の「失われた一〇年」を生き抜いてきた世代。正直、根性ありますよ。だから、本当によく働くし、同世代で話すと「余暇もいいけど勉強したい」「もっと働きたい」とよく聞きます。実際、資格試験講座で講師をしていても、五〇代女性は間違いなく熱心に質問してきます。退職させるなんてもったいない。もっと働かせましょうよ（笑）

「M字」カーブの話に戻ると、近年「M字の谷」の部分はだんだん浅くなっているのです。人口減少に危機感をもって子育て支援に力を入れたから、妊娠出産育児で退職する女性労働者が減ったという状況を表しています。

良いも悪いも何らか手を打てば結果は出る。

二〇一七年一〇月に雇用保険の育児休業給付金の支給期間が最長二年に延びましたが、介護休業給付金は九三日。いかにも短い。もう少し延びたらいいのに。これは政治に任せるとして……。

社内の制度も工夫できますよね。育児フレックスタイムについて本文で書きましたが、介護フレックスもあっていい。

介護ヘルパーの訪問と施設のステイと会社のフレックスタイムを組み合わせれば無理なく仕事を続ける道が開けそうです。

時短って負担なんですよ、「お先に失礼します」って言いながら会社を後にするのはストレスかかります。その分、出勤できる時間にがんばれるなら、気持ちの面でも楽になります。

なんなら全員フレックスタイムに……満員電車が極端に苦手な人は出勤時間を前後にずらしたり、早朝にジムに行ってから出勤したい人、夜は資格試験の勉強に行きたい人、みんなそれぞれいろいろ事情があるなら、全員お互い様。「お互い様」を社員の気合と根性で乗り切るのではなく、労務管理の仕組みに落とし込めば社員のストレスは必ず軽減します。

女性にとって働きやすい職場は誰にとっても働きやすい職場にできるはず。そう思って、社会保険労務士の仕事をしています。

6

ハラスメント
なぜ起こる？
こじらせない対処法

松井　「いじめ・嫌がらせ」が六年連続トップ

思えば平成は「ハラスメントの時代」だったなと思うのです。

「セクシャルハラスメント」が新語大賞を取ったのが平成元年（一九八九年）。以降、三〇年余り「〇〇ハラスメント」は三五種類とも四〇種類とも言われています。

ハラスメントとは、日常いろいろな場面でおこる「いじめ」「嫌がらせ」行為のことを指します。特に職場では毎日同じメンバーが顔を合わせ、同じ場所で長時間過ごしますので、無意識に発生しやすい問題なのです。

一度大ごとになってしまうと固定された人間関係の中で問題解決が難しく、被害者が退職に追い込まれることも、加害者を退職させなければならないこともあります。

こうなると会社にとっても社員にとっても消耗でしかありません。

平成二九年度都道府県労働局の総合労働相談に寄せられた相談一一〇万四七五八件のうち、二三・六％が「いじめ・嫌がらせ」に関することで、「解雇」や「労働条件の引き下げ」等の主要な労働課題を抜いて六年連続トップとなっています。ハラスメントを何とかできたら、労働相談のおおよそ四分の一は解決、会社も社員も圧倒的に楽になるのです。

ハラスメントは行為や発言をした側にそのつもりがなくても、受けた側が不快な思いをしたり、不利益を被ったりするとハラスメントとして取り扱われます。

となれば、誰もが他人事ではなく、被害者にも加害者にもなる可能性があるということです。ハラスメントを予防するためのコツについて考えてみたいと思います。

セクシャルハラスメントとは性的ないじめ、嫌がらせ

女性社員の服装を注意したところ……

セクシャルハラスメントにもいろいろあります。わいせつ行為や性的行為の強要がダメなのは言うまでもありません。これはハラスメントではなく犯罪です。

職務上の関係を背景にした強要は、酒席のお酌であろうとデートの誘いであろうと、受け手側がそう感じればセクシャルハラスメントにあたります。

でも今、現場で問題になるのはもっと微妙なケースなんです。業務上必要だと思って注意したことがセクシャルハラスメントと受け取られてしまう。

たとえば、社員の服装。私服で就業する会社もたくさんありますよね。職場にふさわしい服装……と文字で書けば簡単ですが、「ふさわしい」というのは個人の主観ですから、人によってばらばらなもので、以前クライアントからこういった相談を受け

たことがあります。

「デニムのショートパンツにタンクトップという格好。暑い日ではありましたが、お辞儀をすると胸がほとんど見えていましたし、しゃがむと腰から下着が見えていました。そこで彼女に注意すると、『仕事中にそんなところチェックしてたんですか。社長、それってセクハラじゃないですか。何を着ても私の勝手でしょう』と言い返してきたのです。私はただ普通の格好で仕事をしてほしかっただけなのにセクハラなんて心外だ」

セクシャルハラスメントにあたるかどうかは確かに受け手側の判断ですが、共に仕事をする上で必要な指示や注意はしなければなりません。

会社はいろいろな価値観を持った社員が集まって仕事をする場所です。来客もあります。その人たちの「見たくない権利」も守らなければなりません。注意はすれどハラスメントにならない、そんな方法を考えなければなりません。

望ましい服装を業務マニュアルで提示しましょう

大事なことなのでもう一度確認しておきます。「セクハラ」＝セクシャルハラスメントとは「性的ないじめ・嫌がらせ」のことで、受け手側の意思に反する性的な言動によって不利益を被ったり、職場の環境が悪化することをいいます。行為者の意思はともかく、判断基準は受け手側の感じ方によります。

就業時の服装の件ですが、「タンクトップは露出が多いからダメ」と伝えれば、「露出」と「ダメ」が先に飛び込んできて、そういう意図はなくてもセクシャルハラスメントと受け取られることも。とにかく受け手の感じ方が基準なのです。

こういう場合は「ダメ」ではなく「ヨイ」で指示を出します。「職場にはこんな感じの服装でくればいいよ」と伝えるようにするのです。

たとえば、**望ましい服装を具体的に業務マニュアルに書いておきましょう**。就業規則でもかまいません。就業規則にイラストを入れてはいけないという決まりはありませんので、標準的な服装をイラストで掲載すると分かりやすいです。

採用面接時に説明し、入社時に就業規則を示しながら説明し、それでも長く勤めているとそんな約束は忘れてしまうこともありますから、そこからはずれた服装で出勤してきたら、やっぱり就業規則を示しながら、「こういう服装で仕事する約束でしたよね、今日の服装はどうだろう?」と注意をします。社内での約束事を自分で確認するように促すやり方ですから、直接服装に言及することはありませんので、誤解を受けることもありません。

ハラスメントにならない「○○しましょう」型の「OKメッセージ」

「これを言ったらハラスメントって言われますか」

最近この質問をよくされます。今回は社長が社員に「服装を改める」ように注意して、注意を受けた社員は「セクハラだ」と反論しました。これは何だろうと思うのです。

本気で「セクハラで訴えてやる」というより、売り言葉に買い言葉。「そんな格好で仕事をするな」と言われたから、反射的に「セクハラだ」と反撃した構図が見てとれます。

攻撃されたから、ファイティングポーズをとっただけ。

普通の反応ではありますが、職場がこんな感じでギスギスするのはお互いに消耗戦です。「○○するな」型の「NGメッセージ」は、受け手にとって「否定された」という感覚が強く、言い訳や反論が先にきて、内容の本質が伝わりづらいのです。

こういうときは発信方法を変えてみます。「こういうものを着ましょう」という「○○しましょう」型のメッセージが「OKメッセージ」です。

「OKメッセージ」はこれからどうすればいいかを示唆する指示の出し方です。受け取った社員は示された方向の範囲内で自らが考え、自分の選択で行動を改めていくことになります。

服装で言うと、ある社員は「それなら、スラックスとポロシャツを着よう」とか、他の社員は「私はブラウスとチノパンで」という風に自分で決めることができます。
社員に何か伝えるとき、「ハラスメントにならないかな？」と不安になったら、指示を「〇〇しましょう」型に置き換えてから話すようにしてください。趣旨がまっすぐ伝わります。

まとめ

「NGメッセージ」は売り言葉に買い言葉となりやすく、ハラスメント事件のもと。「OKメッセージ」に置き換えて伝えれば、話の趣旨がまっすぐ伝わります。

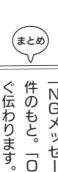

最近問題になるパワーハラスメントは精神的な攻撃

カギは加害者側の「良かれと思って」

「パワハラ」＝パワーハラスメントという言葉が一般的になってから、パワハラもずいぶん様子が変わりました。昔は暴力や暴言、みんなで無視するとか、外から見て分かりやすいものが多かったです。

一九九〇年代でしたが、営業成績の足りない社員を並べて上司が次々と平手打ちしていく光景を見たことがあります。私はまだ二〇代でしたが「大人の世界はオソロシイ」と思ったものです。

でも、パワーハラスメントという概念も浸透していないし、問題になることもなく、唯一見た反撃は、殴った上司を部下が殴り返したことぐらい。それでもその部下はクビにはならず関連会社に飛ばされていったので、ずいぶんのんびりした話です。

今はそういうことをすれば即パワーハラスメントと認定され、確実に問題になること、場合によっては訴訟になることをみんな知っていますから、直接的な嫌がらせの数は減りました。代わって増えたのは「精神的な攻撃」です。

それも「指導」の名の下に職場で言い交わされる言葉の攻撃が社員の心を追い詰めるケースが多いのです。

先ほどの営業成績が足りない例で言うと、「なんで契約が取れないんだ？」「言い訳ばかりするんじゃない」「一〇〇回で契約してもらえなければ一、〇〇〇回電話しろ」と他の社員が見ている前で長時間の叱責……いえ、上司の側は叱責とすら思っていません。

部下を「指導」しているだけ。「指導」ですから良かれと思って行動しています。人は悪いと分かってやっていることは改めようがあるのですが、これっぽっちも悪いことをしている意識がない場合、止めようがなく、繰り返される特徴があります。

そのうちに部下のメンタルが崩壊し、私のところに相談がきます。

こういう訴えがあると私は部下と共に上司の話も聞きます。

「説教はすべて彼のため」
「正しいことを言っただけ」
「言わなきゃ良くならない」

と言う人がほとんどです。ことさら、いじめてやろうなんて思っていません。これが最近のパワハラの実態です。

「内容が正しくても、伝え方を間違えるとパワハラになるんですよ」と言うと驚いて、みんな「そんなつもりじゃなかった」と言います。加害者は特殊な人ではなく、「普通の社員」なんです。

ただ、何がパワーハラスメントか分からないし、伝え方が不器用なだけなんです。ですから、パワーハラスメントはいつも身近にあります。

定期的なアンケートと研修の実施

ハラスメントは受け手側の感じ方による、これはセクシャルハラスメントでもパワーハラスメントでも同じです。ハラスメントは身近にありますが、その実状は受け手にしかわかりません。なので、被害者に聞くしかありません。そのためにアンケートを実施します。できるだけありのままの声を聞くために記名は任意にします。ネットでもそうですが、匿名にすると意見表明のハードルがぐっと下がります。

アンケートの結果、特に問題がなければひとまず安心です。

もし、パワーハラスメントの訴えがあれば被害者と加害者を特定して解決したいところですが、被害者がそれを望んでいるとは限りません。職場という固定的な人間関係の中でいじめ・嫌がらせの加害者と直接向き合うのは、被害者にとって精神的な負担が大きいのです。

そこで、社内全体に研修をうちます。パワハラとはどういうもので、「良かれと思って」やっていることの中に潜んでいると気がつけば、行動は自然と直っていきます。様子を見て、どうしても直らない場合のみ個別に呼んで注意をします。

「研修で学んだパワーハラスメントの内容と比べて」「その行動が良いのか、悪いのか」という基準で指導をすることで、被害者の直接の訴えがなくても加害者に行動を改めるよう促すことができるのです。

パワーハラスメントは社内アンケートで実状を探り、研修で社内全体に注意喚起し、それでも直らない場合に個別に指導をするという、三段階のステップで予防、防止を行うと効果的です。

統一基準がないからこそ……

パワーハラスメントとは仕事上の「力関係」を背景に「正常な業務の範囲を超えて」行われる「身体的・精神的」ないじめ・嫌がらせとそれに伴う職場の環境悪化のことです。通称「パワハラ」といい、六つの類型があるといわれています。

①**身体的攻撃**（体にあたらなくても手が出る、足が出るはNG）
②**精神的攻撃**（暴言、人格否定、何時間もネチネチ言う）
③**人間関係の切り離し**（無視する、メールのCCからはずす）
④**過大な要求**（絶対無理なノルマを課してできないと責める）
⑤**過小な要求**（専門性を発揮させない配置、意味のない仕事を業務命令として課す）
⑥**個の侵害**（プライベートへの過度な干渉）

定義をおさえると、

「どこまでが指導で、どこからがパワハラですか」

明確に線引きしてほしいとの要望は多いのですが、これは本当に難しいのです。時代によってハラスメントの態様が変わってきたように、その会社のこれまでの風土、職種、業種によって異なるので、統一基準はありません。

たとえば、「ばかやろう」という言葉。オフィスで日常使われれば暴言ですが、工場の現場で溶接をしながら居眠りしそうな社員の注意喚起なら致し方ないところですよね。

だからこそ、「アンケート」と「全体研修」を丁寧にしていただきたいのです。アナログなやり方ですが、これが一番効果があります。

まとめ

「良かれと思ってやっていること」の中にこそパワハラは存在する。「アンケート」で実状を見つけて、「研修」で全体に啓蒙し、それでもダメなら一本釣りで「指導」する。

スモークハラスメントとは喫煙に関する非喫煙者の被害

たばこで訴訟になる時代

ここ数年でたばこを取り巻く状況は激変しました。

喫煙者は激減、たばこ自体がすっかり悪者のようになってしまいましたが、根強い愛好者がいるのも事実。節度をもって嗜む分には誰の迷惑にもなりませんが、気をつけていても煙や匂いが出るものです。多様な価値観の従業員が集まってくる会社では社員同士の摩擦を生じることもあります。

喫煙に関する非喫煙者の被害を「スモークハラスメント」と言います。具体的には、

①受動喫煙による身体的な被害
②臭気による精神的なダメージ
③「吸え」という喫煙の強要

④「吸わせてくれ」と喫煙許可を強要する
がこれにあたるとされています。

③や④はともかく、職場で問題になるの副流煙や臭気の問題です。既に職場の喫煙が原因での訴訟はいくつかあり、中でも有名なのは住宅メーカーの元社員が、職場の受動喫煙防止対策が不十分だったため健康被害を生じたとして会社に損害賠償を請求したケース。結局、高等裁判所まで争い、その後に和解、会社が和解金三五〇万円を支払っています。

労働契約法第五条には「**使用者は、労働契約に伴い、労働者がその生命、身体等の安全を確保しつつ労働することができるよう、必要な配慮をするものとする**」とあり、会社はすべての社員を安全に働かせる義務がある（安全配慮義務）のです。副流煙による受動喫煙が単に感覚的に不快だというだけではなく、健康被害を及ぼすおそれがある以上、会社はスモークハラスメント対策を考えていくほうがよさそうです。

受動喫煙防止対策助成金はすべての中小企業が対象

スモークハラスメント対策を簡単に考えると、「禁煙しなさい」となりますが、簡単にできれば苦労はありません。強く追い詰めると隠れてこっそり吸うなんてことも。これでは問題を潜在化させるだけです。

ならば、「たばこを吸うなら社外で」ということになりがちですが、外は寒いし暑いし雨も降れば風も吹きます。たばこを吸う人も吸わない人も大事な社員、ここに対立を作るわけにはいきません。

それに私が最近気になるのは「近隣との関係」です。屋外に灰皿を設置して社員が何人も集まってたばこを吸っている会社がありますが、オープンエアとはいえ匂いは残ります。近隣住民からすると吸っている社員個人より、そこで吸わせている会社の方へ不満がいくことも。本当に喫煙に対して世の中の評価が厳しくなりました。

そんなこともあって、きちんとした喫煙スペースを設けるほうがよりスマートな解決方法ではあるのですが、これにはまとまったお金が必要です。この費用、一部助成の制度があるのをご存知でしょうか。「受動喫煙防止対策助成金」といいます。

【受動喫煙防止対策助成金】

対象となる事業主は

①労災保険の適用事業主

②中小企業事業主であること

③事業場内において、措置を講じた区域以外を禁煙とする事業主

助成対象となる措置は一定の要件をクリアした

①喫煙室の設置・改修

②閉鎖系屋外喫煙所の設置・改修

③換気装置の設置など（飲食業と宿泊業のみ）

助成金額は経費の二分の一（飲食店を営んでいる事業場は三分の二）で、上限は一〇〇万円まで（二〇一八年度価格）となっています。この助成金、以前は飲食店等限られた業種のみが対象でしたが、すべての中小事業主に対象が拡大しています。

国が半分負担してくれるのなら社内分煙も現実的になりますね。

二〇二〇年四月健康増進法改正にむけて

「受動喫煙防止対策助成金」の申請方法についてご説明します。

【申請方法】

❶工事の契約や物品の購入をする前に会社を管轄する都道府県の労働局（労働基準部健康課または健康安全課）に相談します。助成対象になる措置の技術基準が細かく決められているので助言を受けながらすすめましょう。

❷次に助成金交付申請書や事業計画書に見積書や写真、喫煙室等の仕様資料をつけて交付申請を行います。

❸審査が行われ、概ね一カ月程度で「受動喫煙防止対策助成金交付決定通知書」が届きます。これが届いてから工事等の発注・施工を行います。

❹工事が完成したら費用を支払い、指定された期日までに労働局に対して事業実績報告を行います。

領収書等必要になりますので、工事に関する書類は絶対に捨てないでください。

❺事業実績を確認して助成金の交付額が確定されます。

「受動喫煙防止対策助成金交付額確定通知書」の交付を受けたら、請求書を提出し助成金が振り込まれます。

実は「健康増進法」が改正され、二〇二〇年四月以降、喫煙室以外の場所についてオフィスは原則室内全面禁煙にしなければなりません。

会社の規模にかかわらず義務化されますので、この際、助成金申請を含め必要な措置を行い、吸う人と吸わない人が共に気持ちよく過ごせる職場作りに取り組んでみませんか。

まとめ

二〇二〇年四月、オフィスは全面禁煙に。スモークハラスメント対策には「受動喫煙防止対策助成金」を活用し、分煙環境を整えましょう。

マタニティハラスメントとは妊娠、出産をきっかけに女性社員が受けるいじめ

産休→育休→育児時短からの第二子産休で……

厚生労働省が発表した「雇用均等基本調査」（平成二九年度確報）女性の育児休業取得率は八三・二％、三〇人以上の事業所の九三・二％で育児休業制度の規定が完備されており、女性に関する限り育児休業制度は定着しつつあります（男性の育児休業取得率については五・一四％と相変わらず低水準ですが）。

ただし、物理的な問題として、誰かが休めば誰かがその仕事をカバーしなければなりません。ここに摩擦が生じます。

実際、私のクライアント企業で起こった事例をご紹介します。

女性社員Aさんは第一子を出産後、一年六カ月の育児休業を経て、育児時短中でした（一日八時間勤務→六時間勤務）。そのAさんが今般、第二子を妊娠、このまま順調であればあと数カ月で再び産前産後休業に入るという時期に、Aさんから社長に相談がありました。

「グループリーダーのBさんにトイレの回数を注意されたんです。『それでなくても時短なんだから、トイレでサボられたら困るのよ』って、本当に妊娠してからトイレが近くて、どうしようもないんです。申し訳ないのですが、会社から言っていただけると助かるのですが」

こういうケースは、一方だけの話を聞いて判断しては対応を誤ります。Bさんの言い分も聞いてみることにしました。すると、

「Aさんは、ほんとにトイレにばっかり行って仕事を全然してないですよ。私よりそっちを注意すべきでは」

と取りつく島がありません。こういった対立は業務遂行に支障をきたすこともあります。発覚し次第、対応が必要です。

加害者側のストレスに着目して補充の人員を雇い入れます

妊娠・出産をきっかけに女性社員が受けるいじめ、嫌がらせを「マタニティハラスメント」通称「マタハラ」といいます。

今回は社員間のマタハラ問題をどう解決するかですが、こういう場合は言った側のBさんのストレスに着目するのがコツなのです。

同僚のトイレを見張ってしまうぐらいBさんを追い詰めてしまったもの、それは前回Aさんが休業したことによってBさん、正確にはBさん「達」にかかった負荷です。現在も時短勤務で、自分たちが忙しくしていても先に帰っていくAさんが、更に仕事中に妊娠を理由にトイレでサボっているように思えてしまったようで、グループリーダーとしてのBさんにイライラがつのる状況がそろってしまいました。

ある人の産休や育休を他の社員の「努力と根性」でなんとかさせようと思ったら、社員同士は対立します。これがマタニティハラスメントの正体です。

Bさんにマタハラをやめさせるには、このストレスを取り除いてあげることです。

次の産休時にAさんの代わりに人員を補充するようアドバイスしました。そして、そのことを社長からBさんに直接伝えてもらうようにしました。

実際、Aさんの産休中は期間限定でアルバイトを入れて対応。Aさんの賃金がスライドするだけですから会社の金銭的負担はありません。

こうして周囲の社員がストレスを和らげていくと、休む側も同僚に気兼ねなく休めるので、三方まるく収まります。

ハラスメントの対応というと被害者のケアがクローズアップされますが、ここだけの話、私の意識はほとんど加害者に向いています。まずはハラスメントを行う側の行為を止めなければ、被害者をケアしても状況は良くならないですからね。

加害者側の置かれている状況に目を向けてストレスレベルを下げていくことで、問題行動が自然と止められるようにすることが大切なのです。

会社が「淡々と普通に」働いてくれる社員に評価と感謝を示せると

さて、ここでひとつ、「同じ女性だから妊娠・出産・育児について分かり合えるのか」問題があります。

私が現場で見聞きする限り、子どものいる女性社員ほど同僚や部下の妊娠・出産・育児に関して厳しい傾向があります。

会社は「法律で決まってるから仕方ない」と思い、男性社員や子どものいない女性社員は「授かりもんだしなぁ」とあきらめ、表立って厳しくあたることが少ないです。

子どもを育てながらバリバリ働く女性社員は、「自分のときはこうした」という実体験があるので、後に続く女性に対し厳しい傾向があります。

「私は産休明け、すぐから保育所に預けて復帰した」「妊娠中にも立ちっぱなしで接客したわ」「大きなプロジェクトを任されているときに妊娠はできないと避妊したものよ」と自分のときの体験がよみがえり、ストレスの連鎖になります。

だからこそ、出産や育児での女性同士の対立をどこかで断ち切ることが重要なんです。

女性活躍が働き方改革のテーマとなっています。二〇一七年一月に男女雇用機会均等法・育児介護休業法が改正となり、マタハラ防止措置が会社に義務付けられました。確かに、出産の当事者に対するケア等は手厚くなりましたが、周囲の社員に対する視点が欠けているような気がします。

会社が「淡々と普通に」働いてくれる社員に評価と感謝を示せると「マタハラ」のない会社づくりが可能となります。

まとめ

人手を補充すれば、社員間のマタハラは解決する。ハラスメントを行う側のストレスに目を向け、「淡々と普通に」働いている社員に感謝と評価を示すことが女性活躍の第一歩です。

ソーシャルメディアハラスメントとはSNSによるいじめ・嫌がらせ行為、プライベートの侵害

退勤後も職場での関係が続く苦痛

Facebook や Twitter 等のソーシャルネットワーキングサービス（ＳＮＳ）によるいじめ・嫌がらせ行為、プライベートの侵害を「ソーシャルメディアハラスメント（ソーハラ）」といいます。

ＳＮＳは確かに便利なツールですが、以前であれば知ることもなかった社員のプライベートがインターネット上で検索可能の状態で公開されている。この状況に私たちはまだ慣れていません。

たとえば、ある社員が Facebook 上に「麻雀」をしている写真を投稿し、社長がそ

れを見ていて「お金を賭けてるんじゃないか。麻雀はやめろ」とコメントを書き込み、社員に猛抗議をうけた案件がありました。

社員は「麻雀は趣味であり、ゲーム」と考えていて、ただプライベートで遊んでいただけ。それを社長からとがめられ、ＳＮＳ上に書き込みまでされたら、いい気はしません。

一方、社長はどうしたわけか「麻雀はお金を賭けてやるもの」と思い込んでいて、「社員が賭け事をしている、これはまずい」と思ったらしいです。早急に注意する必要があると焦った挙句、コメントに書き込んでしまったらしいのです。

この件は話し合いの末、社長が謝ってコメントを削除し事なきを得ました。会社としての利益や信用を損なわない限り、社員のプライベートに干渉しないのが原則です。社員も不快な思いをしましたが、社長も知ってしまったために干渉が過ぎてしまった事例です。

新入社員が「何らかのＳＮＳを利用している」割合は九八・四％、そのうち「上司からの友達申請についてどう思うか」の問いに、一六・一％が「嫌だ」、三九・六％

が「どちらかと言えば嫌だ」と答えています（二〇一五年「新入社員の会社生活調査」産業能率大学調べ）。過半数が否定的な反応です。

知られたら不快に思い、知ってしまえばソーハラと言われかねない。そこまでして職場内でのつながりを個人のプライベートなアカウントで持つ必要はありません……よね。

ビジネス用とのチャットツールでプライベートとの切り分けを

とはいえ、業務連絡にＬＩＮＥを利用している会社の多いことに驚きます。在宅ワークやフレックスタイム制など働き方が多様になるにつれ、社員全員が顔を合わす機会が減っており、ＳＮＳでの情報交換はメールと比べて受信、返信が容易で仕事上の連絡を複方向（一対多数）で行え、とても便利です。

ただし、便利と不便は表裏一体。プライベートなアカウントで、のべつ幕なしに仕事の連絡が入ってくると社員は気が休まりません。個人の情報が紐付けされている状況のもと連絡を取り合うから、個人の領域に踏み込んでしまうのです。

業務上の連絡はチャットワークを始めとするビジネス用途のチャットツールを利用するとよいでしょう。メッセージのやり取りができる上、ファイルの共有も可能、音声通話やビデオ通話も利用でき、タスク管理も行えます。

総務省も働き方改革を推進するツールとしてメールマガジン「M-ICTナウ」のなかでチャットツールの効能について言及しており、「働き方改革の障壁となる課題を解決するもの」とまで位置づけて「今後も注視していく必要がある」としています。

業務連絡やタスク管理だけならフリープランで十分対応可能です。

仕事の連絡はビジネスチャットツールで、個人のSNSは個人情報として、ツール自体を切り分けてしまえばソーハラのリスクも低減することが可能です。

個人の投稿でも懲戒事由にあたることも

個人のプライベートな投稿でも何をしても許されるというものではありません。大手外食チェーンの社員が、ゴミ箱に投げ入れた魚をまな板に戻す動画がSNS上に拡散し、社会的な問題になったのは記憶に新しいところです。

民法第七一五条には

「ある事業のために他人を使用する者は、被用者がその事業の執行について第三者に加えた損害を賠償する責任を負う」

という規定があり、自社の社員が個人のアカウントで投稿したものであっても、仕事や製品に関する投稿で第三者に損害を負わせた場合は、会社も一緒に責任を負わなくてはなりません。その限りにおいて、投稿をチェックし指導することはソーハラには該当しません。

個人のアカウントでの情報公開に会社が干渉するのは好ましくありませんが、それは会社の信用や利益を侵害しない限りにおいて、という制限がついています。社員が不適切な投稿をして第三者に対して迷惑をかけないようにSNSの利用についての研修を行うなど、必要な措置はとらなければなりません。節度あるSNSの利用を望みたいものです。

まとめ

社内ではプライベートなアカウントは使わない。ビジネスチャットツールを利用し個人と業務を切り分ける。信用や利益を侵害する投稿については毅然とした態度で指導、処分を。

セカンドハラスメントとはハラスメントの相談をしたことで受けるハラスメント

最も罪深いセカハラは「励ます」行為

ハラスメントの被害を相談したり、助けてほしいと声を上げたことによって逆にハラスメントを受けることを「セカンドハラスメント（セカハラ）」と言います。いわゆる二次被害です。セカハラの話をすると、「本当にそんなことがあるの」と言われますが、実際の現場ではこれが意外とたくさんあるのです。

わかりやすい例として、被害を訴えた社員に

「断ればよかったのに、君にも原因があったんじゃないの？」

「こんなことぐらいで、気にしすぎなんじゃないの？」

と本人を責めてしまうケースがあります。あるいは、

「私は専務とは長い付き合いだけど、決してそんなことをする人じゃない」

と加害者を擁護する発言。これは、加害者の職位が高いときに起こりがちです。いい人がやろうと偉い人がやろうとダメなものはダメ。何をしたかだけで判断すべきです。

相談を受けた側がハラスメントの事実を公表してしまうことも、セカハラとなる場合があります。加害者を懲らしめるために懲戒事由を公表する人がいますが、これは被害者にとってもダメージになります。秘密が守られてこそ、信頼関係が築けるのです。

更に、私が最も罪深いと思うセカハラが「励ます」行為です。

「仕事ってそんなものよ。もうちょっと我慢してがんばろうよ」

「わかるわ、私もそうだった。でも、切り抜けられた。あなたにもきっとできるはず」

そうできないから援助を求めているのに、相談を受けた側の価値観でアドバイスをすると「自分で何とかしなさいよ」と突き放されたような気持ちになります。たとえ励ましのつもりであっても、被害者にはその意図は伝わらず逆効果になってしまうのです。

相づち以外はいらない、まずは気持ちの解決が重要

では、ハラスメントの相談はどうやって受けたらよいのでしょう。

まずは「話を聞く」ことです。「傾聴」が大切と言われたりしますが、難しい技術は必要ありません。被害を受けたことで理路整然と話せないこともあるでしょうが、ありのままを聞きましょう。

「さっきの話と今の話はつながらないな」「こんなひどいことを本当にしたのだろうか」「なぜ、このとき逃げなかったのだろう?」と矛盾や疑問がわくこともあるでしょうが、それはとりあえず胸におさめておいて、被害の全貌がつかめるまでは相づち以外、他の言葉は必要ありません。

次に、本人があらかた話し終えたら、それでも「他に聞いておくことはない?」と私は確認します。ほっとしたあとだからこそ、大事なことを思い出すかもしれません。

最後に、「どうしたい」「どうしてほしい」という本人の希望を聞きます。同じハラスメントの案件でも、ある人は「加害者を直接罰してほしい」と考え、またある人は「職場にいづらくなるのでそれとなく注意を促してほしい」と考えるなど、求める解決は違うものです。

これを間違えるとセカンドハラスメントの原因になりますから、注意が必要です。

ここまでくれば、やっと話が聞きされたということになります。話を十分に聞いてもらえると被害者の不安は和らぎます。「聞いてもらうだけで楽になった」という経験、だれにでも一度ぐらいあるのではないでしょうか。

この「気持ちの解決」がとても重要なのです。

そして、「事実の解決」。これがなければ社員は失望して訴訟になる

被害者の「気持ちの解決」が得られると、相談を受ける側もほっとしてしまって、ここで対応が止まることがあるのです。この「放置」もセカンドハラスメントの原因になります。ここで対応をとめてはいけません。

気持ちは楽になったかもしれませんが、現実は何も変わっていないのです。被害者の話を聞いたうえで、具体的に目で見てわかる「事実」を変えていく必要があります。加害者の言い分を聞いた上で直接注意する、懲戒規定に従い懲戒処分を行う、被害者と直接接触を避けるため配置転換を行う等の処分、あるいはハラスメント防止研修を行う、社長が朝礼で訓話するなど啓蒙活動を行うこと、これが「事実の解決」です。

両方が備わってこそ、被害者にとって「相談した甲斐があった」という実感が得られます。「気持ち」だけが変わって「事実」が何も変わらなければ、被害者は「会社って、相談しても言うだけで何もしてくれない」と失望します。会社が社員を失望させれば、**相談は外部に持ち出されます。これが「訴訟」です。**

セカンドハラスメントを防止できれば、訴訟のリスクを下げることができるのです。「気持ちの解決」と「事実の解決」の両方を忘れないでください。

まとめ

ハラスメントの相談は「気持ち」と「事実」両方を解決する必要あり。相談することで起こるセカンドハラスメントに気をつけながら対応できれば訴訟が避けられる。

コラム　誰がやったかではなく、何をやったか

今日もまた一件、パワハラに対するご相談を受けました。


ある社員が会議に出るとどうしても部下を責めてしまうと言うのです。

できていることに一切目が向かず、できていないことにしか目が向きません。

だから常に現状に不満。

もう少し仕事を部下に任せなさいと言われても、

「部下が信用できない」

と、一人でやってしまう。そして、こなせてしまう。

もう少し信用してみたら、と言われると、

「それは逆。信じてほしいなら、タスクを完璧にこなしてからだろ」

とさらにミゾを作ってしまう悪循環。

いちいち正論。彼は正しい。

でも、出方が全て攻撃になってしまう。

「なってしまう」というのが正確で、自分の正しさに自信があるから他のコミュニケーションが考えられないんです。

なんでそんなことがわかるのかって？

昔、私も同じだったから。

私のことを部下は「ラオウ」って呼んでいたらしい。漫画『北斗の拳』の「ラオウ」というキャラクター。「下についた部下は全員死ぬから」とあとで聞かされました。「ラオウ」の部下が全員死んだかどうかは知りませんが、私の部下は全員辞めていきました。

その頃私がいつも考えていたのは、

「私程度の人間にできることが何故できないのか。サボっているに違いない」

ということ。だから、部下のできているところに目が向かないどころか、自分の仕事がちゃんとできていることにさえOKが出せませんでした。

だから、自分の仕事はしゃかりきになってやりきる。結果を出す。そして、正しくて強い。

ハイパフォーマーだから、会社もおいそれと責めることができません。

本当にタチが悪い（笑）

でもね、会社はいったん被害者に寄り添うことが大事です。でないと、会社が売上惜しさにハラッサー(※)の味方をしているように見えますからね。

組織全体がぐらつくのはどんなときか。

ハイパフォーマーが辞めるときではありません。不良社員がサボるときでもありません。大多数の普通に働く社員の気持ちが会社から離れるときなのです。


ハイパフォーマーをいったんはずしてでも被害者に寄り添う。

誰がやったかではなく、何をやったかで判断する。

これがハラッサーだった私が出したハラスメント事案に対する基本の心構えです。

なーに、ハイパフォーマーのハラッサーには無理に部下を持たせずとも、自由にふるまえる専門職コースを作るなど、その力を存分に発揮できる環境を作ればよいのです。管理職だけが社員の生きる道ではありません。

徐々に自分の仕事にＯＫが出せるようになればコミュニケーションはおのずとやわらかくなっていきます。

心配いりません、私がそうでしたから。

※ハラッサーとはモラル・ハラスメントを行う人という意味

7

欠勤・休職・退職

制度とルールを用いれば
誰も困らない職場にできる！

松井

無理に出社させれば会社が損をします

「人間だもの……」病気もすれば、ケガもする。気持ちが乗らないことだってあります。毎日同じ状態で働き続けるのは難しい。そこがＡＩと私たちの違うところです。

「体調不良で休ませてくださいって社員は簡単に言うけど、認めなきゃいけないの？」

とクライアントに聞かれたら、私はこう答えるようにしています。

「一〇〇％のポテンシャルが発揮できなくても、給与は一〇〇％払わなきゃなりませんよ。無理に出てこさせても損ですよ」

この答でほとんど納得していただけます。たとえ理由が二日酔いでも仮病でも、いやいや出勤してきていい仕事ができるわけがありません。ですが、その分を給与から引くことはできませんからね。

無理に出社させれば会社が損をします。これは退職のときも同じで、無理やり引き留めてもいい結果にはならないことが多いです。

そうかと思えば先日は、

「休んだ分は引かれるんだから、気が向いたときにだけ来まーす」


という社員が出てきて、ある会社の部長がアタフタされていました。

労働契約を結べば会社の指示に従って仕事をする義務を負っています。この言い分をまるごと認めるわけにはいきませんが、以前のように「給与からさっぴくぞ」「はい、すみません。しっかりやります」と単純にはいかないようです。

働かないのにややこしい「欠勤・休職・退職」について考えてみたいと思います。

欠勤「ノーワーク・ノーペイ」が原則ではあるけれど

インフルエンザで就労不能

ここ数年、毎年冬になるとインフルエンザが流行します。インフルエンザの影響で駅のホームから転落した女性もいましたが、本人の安全のためにも会社で誰かにうつさないためにも、インフルエンザにかかれば社員には休んでもらわなければなりません。ただし、インフルエンザで会社を休まなければならないという法律はありません。休まなければならないのは学校だけ。学校保健安全法第一九条によれば、「発症した後五日を経過し、かつ解熱した後二日を経過するまで」学校に出席してはいけないとなっています。

大人も子どももそれほど変わらないでしょうから、医師の指示に従って数日は他の社員にうつさないように休んでいただきたいのですが、それがなかなかご理解いただけず、「元気なのに医者も会社も休めというのなら給与の保証をしてくれ」と求められているというご相談が毎年何件かあります。熱が下がったら体は楽になっていて働けそうに思いますよね。

通常の欠勤と同じですから、会社に給与保証の義務はありません。でも、出勤してきたら誰かにうつすかもしれないから休んでほしい。会社には妊婦もシニアもいます。本人も含め社員全体の安全のため、なんとかうまく調整したいものです。

有給休暇と傷病手当金で収入を補てん

社員の収入はできるだけ減らさない。インフルエンザの社内伝播を防ぐ。この二つを同時に成立させるには健康保険の「傷病手当金」を使います。

傷病手当金は大きな病気のときに使うイメージですが、連続して三日休業した後に四日目から受給が可能です。自宅療養でも受給は可能なのでインフルエンザでも使えます。

その他の要件は、次の通りです。

【傷病手当金】

①業務外の事由による病気や怪我であること（インフルエンザは業務外）
②仕事に就くことができないこと（医師が証明）
③会社から給与が出ないこと（会社が証明）

などです。受給できる金額は一日あたり

支給開始日の直近一二カ月の標準報酬月額の平均した額／三〇日×三分の二

となり、およそ仕事をしているときの**給与総支給額**の六七％が支給されます。

最初の「連続して三日」の休業に関しては公休（土日祝日など所定休日）でもかまいませんし、有給休暇でもかまいません。

タイミングにもよりますが、初診から三日程度は本当に体調が悪い時期かと思いますので本人の有給休暇で処理し、少々楽になった四日目から傷病手当金を利用して給与の六七％程度の保証を受けつつ、きちんと休養していただく。こう説明すると本人の納得も得やすいですね。

会社のコストをかけずに有給休暇取得率も上げつつ、社員の収入もできるだけ減らさずに安全を確保するためには健康保険の給付を利用します。

医師の証明のタイミングに注意

「傷病手当金」の申請方法についてご説明します。

傷病手当金は「健康保険傷病手当金支給申請書」を保険者に提出することによって行います。今回は一般的な全国健康保険協会（「協会けんぽ」といいます）の例でご紹介します。

【傷病手当金の申請方法】

❶「協会けんぽ」のホームページから「健康保険傷病手当金支給申請書」をダウンロードします。

❷申請書は四ページから構成されており、一～二ページは被保険者（本人）が記入、三ページを会社が記入、四ページは医療担当者（医師）が記入します。

❸一～二ページに病名等の確認事項、振込口座を本人に書いてもらいます。

❹四ページに病院で医師の意見を書いてもらいます（健康保険扱いで手数料三〇〇円前後）。
❺最後に三ページ目に欠勤状況や給与の支払い状況を会社で記入します。
❻出勤簿や賃金台帳の写しを添えて全国健康保険協会の各都道府県支部に提出する。

申請後は「協会けんぽ」と本人が直接やり取りをすることになります。およそ二～三週間で「支給決定通知書」が本人に直接送られてきます。通知があれば程なく手当金が指定口座に振り込まれます。

インフルエンザの場合、病院の受診は一～二回だと思うのですが、欠勤中ではなく必ず欠勤が終わった後に医師の意見を書いてもらってください。

たとえば、二月一日から二月八日までの就労不能を二月五日に証明してもらった場合、二月六日から二月八日の三日間は不支給となります。

書類を提出する前に会社でチェックし、訂正が必要な場合は勝手に書き換えるのではなく、必ず病院で訂正してもらってください。

まとめ

インフルエンザでの欠勤は社内伝播の危険がなくなるまで。「有給休暇」＋「傷病手当金」で収入を保証しつつ、きっちり休んでもらいましょう。

年次有給休暇の計画付与

退職直前になって……

普通は会社を休むと給与の支払いはありません。ですが、例外があります。それが「年次有給休暇」です。

年次有給休暇は労働基準法第三九条に定められた休暇で、社員が会社を休むことができる日のうち給与が支払われるものをいいます。

週五日フルタイム勤務の社員であれば、勤続六カ月で出勤率八〇％を達成すると一〇日間、その後は一年ごとに日数が増加し、勤続六年六カ月以降で年に二〇日ずつ権利が付与されます。

原則、社員が指定した日に休めるのですが、取得するしないは社員にゆだねられているため、厚生労働省の平成二八年就労条件総合調査によれば、日本の労働者の有給休暇の取得率は四八・七％で、取得がなかなか進まないのが現状です。

そのせいか、クライアントからこんな話をよく聞きます。

「社員には普段から有給休暇を取れって言ってるんですよ。それなのに取らない。勝手に取らなかったくせに会社を辞めると決まったら、急に有給休暇を全部取ってから辞めたいと言い出す。有給休暇は社員の権利なんだから認めざるを得ないのは分かるけど、この前も引継ぎをせずに辞めていく社員がいて、他の社員にシワ寄せがいくんだよ。何とかならない？」

仕事の進め方や顧客情報が次の担当者に引き継げないとなると、仕事の効率は落ちていきます。確かに困ったことですが、「取れ、取れ」というだけで環境が整わなければ、社員が休むことってできないですよね。

だから、付与日数だけがどんどんたまってしまい、辞めるときまで使う機会を逸してしまうのです。

上手に休める環境づくりが必要です。

計画付与を実行しよう

前節の「欠勤」で説明したように病欠部分を振り替えて取得させることも可能ですが、年次有給休暇は本来、社員が心身の疲労を回復し、健康増進やリフレッシュ、プライベートの充実を目的とするものです。趣旨からすれば在職中に上手に消化するのが理想です。


それには仕掛けが必要です。

たとえば、「バースデイ有給休暇」の導入はいかがでしょう。社員の誕生日に有給休暇を取得する制度です。

年に一度の誕生日ぐらいプライベートを充実させても、会社も周囲の社員も不満に思うことはないですよね。こういうことは上からやらないと定着しませんので、社長も自分の誕生日にはお休みを取りましょう（もちろん、社長に年次有給休暇はありませんが……）。

「誕生日」というのも社員一律で年に一度はやってきますのでお互い様と思いやすく、制度として定着がしやすいようです。

また、「ブリッジ有給休暇」を採用して大型連休を取っている会社もあります。飛び石連休の谷間の平日を有給取得日にあててしまい、連休に橋（ブリッジ）をかけてしまうのです。

たとえば、工事の現場ではゴールデンウィークの合間の平日に作業員を手配して現場を動かすのが非効率です。この隙間を年次有給休暇でうめてしまって、「休むときはしっかり休む、働くときはしっかり働く」という形で有給休暇消化を奨励しています。

閑散期に全社で、あるいは部門ごとに有給休暇取得日を定めて有給休暇を消化することもできます。暇な時期に部門単位で交代に休んでいくのなら、個々の社員が気兼ねすることもありません。

こうして会社主導で「○月○日はお休みしてください」と指定して年次有給休暇を

消化することを「計画付与」（労働基準法第三九条第六項）といいます。

少なくとも付与日数のうち五日は、個人で自由に使えるように残しておかなければなりませんが、それでも退職時に残ってしまう日数は確実に減るはずです。

「働き方改革」の中では二〇一九年四月から付与日数が年に一〇日以上の社員について**「毎年五日時季を指定して年次有給休暇を消化すること」**が会社の義務となりました。時季指定についてのルールを作って、計画付与でこの義務をクリアしてしまいましょう。

労使協定が必要です

年次有給休暇の計画付与を実施する際、次の手続きが必要です。

❶就業規則に定める

まず、就業規則に計画付与を実施することと実施時期は労使協定にゆだねる旨の記載をします。

〈就業規則記載例〉

第○条○項
年次有給休暇のうち五日を超えて付与した部分につき、従業員の過半数を代表する者との間に協定を締結したときは、その労使協定に定める時季に計画的に取得させることとする。

❷労使協定を締結する

実施する場合には労働者代表（あるいは過半数を組織する労働組合）と協定を締結します。決めなければならない内容は次の通りです。

- 計画付与の対象従業員
- 対象となる年次有給休暇の日数
- 具体的な実施方法
- 有給休暇を持たない者の取り扱い
- 計画付与日の変更が必要になった場合の取り扱い

締結された労使協定は労働基準監督署に届出る必要はありません。協定書を会社に備え付けておきましょう。これで有給休暇の消化は確実にアップし、退職時の大量消化をさけることが可能になります。

まとめ

取れないまま溜めるから退職時の引継ぎに支障が生じます。年次有給休暇は「計画付与」を導入し、在職時の所得を促進しましょう。「働き方改革」では五日以上の取得が義務化に。

簡単な理由で解雇はできません

時には「解雇」というつらい決断が必要なことも

終わりよければすべてよし、社員の退職も「円満退職」が一番。でも、そうとばかりはいかないのが世の常です。会社側から一方的に労働契約を解除することを解雇といいます。

一方的な契約解除などないほうがいいけれど、これには苦い思い出があります。

私の仕事はその会社の賃金規定を見直すこと。税理士との共同作業でしたが、想定した賃金カーブより多くの給与をもらっている社員が数名。

景気のよいときに気前よく昇給したくなる社長は多いのです。給与は簡単に下げられませんが、業種は建設業で税金や社会保険料の滞納もなく、賃金カーブからはずれた数名には昇給を見送って、しばらくすれば規定どおりの賃金カーブに落ち着く模様。

さほど問題がないように見えました。その後、経費の支払いが遅れることも、手当を下げることもなく淡々と営業し続けましたが、ある日突然その連絡はやってきました。

「今月の二〇日で不渡りが出ます」

社員達にその連絡が行ったのが三日前、かろうじて給与は全額払えましたが二一日には全員失業です。

そんなに大変だったなら、経費の支払い方を見直すとか、手当の切り下げとか整理解雇とかなんでも打つ手はあったのです。全員で失業する必要はなかった。いろいろな選択肢があると知った上での経営者の判断なら仕方ありません。

でも、税理士は分かっていたかもしれませんが、私には選択肢の提示をするチャンスもなかった。会社は倒産しました。

倒産して全員失業するくらいなら、腹をくくって誰かに辞めてもらうことも時には必要なんですよ。私にはつらい学びになりました。

逆にそれぐらい「ちゃんとした理由や事情」がなければ解雇はできません。

理由があってからの「三〇日分」

さて、「ちゃんとした理由や事情」と言いますが、それはどの程度なのか。簡単なことで社員がすぐに退職させられたら、不安定な立場に立つことになります。

業績不振や不況に対し、会社としての再起を図るために行う人員整理を「整理解雇」といいます。その整理解雇が「ちゃんと」しているかどうかは、次の四つの項目で判断されます。

1. 経営上の必要性　会社として存続するのに人員整理が避けて通れないこと

2. 解雇回避の努力　遊休資産の売却、役員報酬の引き下げ、配置転換や希望退職者の募集など人員整理を回避するために努力したこと

3. 人選の合理性　解雇対象者を決定する基準が、客観的で誰が見てもはっき

り確認でき、選び方も公平であること
社員に説明をつくしたか、誠実に労働組合との団体交渉を行ったか、転職先の斡旋に力をつくしたか

4. 手続きの妥当性

これぐらいの「理由や事情」があることを前提に、会社が社員を解雇する場合、三〇日以上前に予告しなければなりません。急に辞めさせられたら社員も生活に困るからです。予告後は普通に仕事をしてもらい解雇日まで通常の給与を支払います。

予告が三〇日に足りないときは、足りない日数分の平均賃金を解雇予告手当として社員に支払わなければなりません（労働基準法第二〇条）。

間違っても「三〇日分支払うから解雇してもよい」ということではありません。ここは誤解が多いところですからもう一度、**「解雇にはちゃんとした理由や事情」**が必要です。

その上での「三〇日分」であることを忘れないでください。

それでも解雇できない期間がある

避けられない事情があり、決められた手続をとっても、社員には解雇できない期間があります。

社員が業務災害（通勤災害は除く）でケガや病気で治療をしている間＋その後三〇日間、産前産後休業（産前六週間産後八週間、多胎妊娠の場合は産前一四週間）の間＋その後三〇日は解雇できないのです（労働基準法第一九条　解雇制限）。

業務上のケガや病気は会社の仕事が原因ですから、その上解雇までされてしまったら社員の受ける不利益があまりにも大きいのです。出産も同様。休んでいる期間に解雇されてしまっては安心して子どもを生むことができません。少子化に歯止めをかけるためにも妊産婦には安定した環境が必要です。

これらの期間にどうしても解雇が必要になったら打切補償として平均賃金の一、二〇〇日分を支払って解雇することができますが、平均賃金が一日一万円の社員だと一、二〇〇万円の支払いが必要になり……これはちょっと現実的ではありませんね。

このように縁あって一度雇用した社員を解雇するのはよっぽどのときだけ。それなりの手続きと覚悟が必要だと思っておいてください。

まとめ

解雇には「ちゃんとした理由や事情」が必要。その上での三〇日分の収入補償です。それでも業務災害と産前産後の休業中及びその後三〇日は解雇はできません。

退職理由の変更に応じると会社にはリスクしかない

社員から「解雇にしてほしい」と頼まれ……

会社が一方的に労働契約を終了するのが「解雇」、社員のほうから申し出て退職するのが「自己都合退職」です。そのまま処理すればいいのですが、中には、

「自己都合退職は絶対しません。解雇にしてください。お願いします」

と強く主張される社員もいます。そこまで言われると面倒になり、退職するのに違いはないからと応じる会社があるのも事実。でも、ちょっと待ってください。

退職理由が「解雇」の場合、社員にはいろいろ特典があります。

国民健康保険や国民年金の保険料も免除が受けやすくなる。退職金が増える。中で

も退職者がとりわけ気にしているのが雇用保険のことで、基本手当（失業等給付）の受給できる日数（所定給付日数）が増えるのです。所定給付日数は雇用保険をかけた期間、離職の日の年齢と離職理由によって、九〇日から三六〇日の間で決められます。

離職理由が「解雇」の場合、自己都合退職より日数が加算されるのです。たとえば、五〇歳で退職、加入期間五年の場合、自己都合退職なら九〇日、解雇（特定受給資格者）なら二四〇日、要するに一五〇日分多く受給できるわけです。

その分、会社は以下のような不利益を被る可能性があります。

①助成金が受給できない

この本にもいくつか助成金を紹介しましたが、たとえば「特定求職者雇用開発助成金」は対象となる労働者の入社日前後六カ月に解雇者を出している場合は支給されません。

②詐欺の片棒を担ぐことになる

ハローワークから発給された離職証明書を見ていただければわかるのですが、離職証明書は公共職業安定所長の名前で発行される公文書です。これに虚偽の内容を記載し、元社員が基本手当を規定以上に多く受け取れば詐欺罪にあたる可能性があり、この片棒を担ぐ（幇助）ことになってしまいます。

正直、会社にはリスクしかないと思います。穏便にお断りするのが一番ですね。

労働基準監督署に相談する

社員にリスクを説明して納得が得られればそれでよし。それでも納得してもらえなければ……労働基準監督署に相談しましょう。

労働基準監督署は社員が相談に行くところというイメージがありますが、各署内に総合労働相談コーナーがあり、会社からの相談も受け付けてくれます。社員との問題で困ったことがあれば、会社も相談ができるのです。予約不要、費用もかかりません。

「よく分からないので、労働基準監督署に相談してから決めるね」と説明し、有り体に相談するとだめだと言われますから、「だめだった」と説明しましょう。

労働基準監督署の名の下に申し出を断り、事実を記載する。正しい事務処理を遂行する。普通のことなんですが、その普通を淡々と貫くことが最大のリスク管理になります。

ちなみに、虚偽の離職理由で雇用保険の給付を不正に受け取った社員にはハローワークからもらった額の二倍返し、三倍返しの返納を命じられることがあります。手を貸さないことが、結局は社員を守ることにもなります。

ウワサは広まる。明日からそれが当たり前になる

違反だから、不正だから、頼まれても嘘の証明を出したらダメ。そんなの当たり前なんですが、私が社内的にもっと問題だと思うのは、「一回やると、それはその会社の常識になってしまう」ことです。

雇用保険の書類を点検させていただいたとき、社員の誰も彼もが「解雇」で離職証明書の発給をうけている会社を見かけたことがあります。

話を聞くと社員に「○○さんが解雇扱いにしてもらったたって聞きました。どうして私にはしていただけないんですか」と詰め寄られて、断りきれなかったと社長が話していました。

「君だけは特別だから、誰にも言うんじゃないよ」という話は、次の日に全社員が知っていると思ってください。

だって、会社に「君だけ」なんて言われたら、同僚に話したくて仕方ないでしょう。明日からはそれが社内で当たり前になります。この風土は離職証明書にとどまらず、何かにつけ社員に示しがつかない職場になります。

カギは「最初の一回を必ず断ること」です。長年勤めた社員に温情で何かしてあげたいのなら、他の形で感謝を表しましょう。

まとめ

解雇なら解雇、自己都合なら自己都合。事実はひとつ。一度曲げるとそれが当たり前になってしまいます。労働基準監督署に相談してでも、最初の一件を断ろう。

コラム　普通に退職届をくれるだけでいいです

思わぬことで遅刻したり欠勤しなければならなくなったりするものです。少し前であれば緊急連絡は電話でしたが、昨今はネット経由で会社に連絡してくる社員もいるようです。便利な反面、困ったことも起きています。先日もこんなことがありました。

入社二カ月目の男性社員から「母が緊急入院するので今日は休ませてください」とＬＩＮＥで上司に直接連絡が入りました。理由が理由だけに、上司も「いいよ、いいよ、お大事に」と返信。翌日も同様に「母の容態が思わしくなく今日も休ませてください」のＬＩＮＥで連絡があって、

「そりゃ、病気の母親をうっちゃって出勤しろとは言えないから、上司のほうも了解したと返事をしたようですが……」

とこの会社の総務課長がこぼします。

「三日目も四日目も、もうちょっと、もうちょっとと休みを重ねて……ここで総務に相談があったんです。それで、私のほうから電話連絡をしましたが、電話は一切出てくれません……今日も明日もと欠勤の連絡が上司に送られてくるだけなのです。この状態が一〇日ほど続いて、ここ三日ばかりは連絡も途絶えてしまったんですよ。これって、無断欠勤にならないんですか？」

連絡が途絶えてからは無断欠勤ですし、LINEで連絡があったにせよ、正式な届が出ていなければ無届欠勤です。結局、転職活動をされていたようで、病気にされてしまったお母様もいい迷惑ですよね、全く。

無断欠勤と言えば、就業規則の懲戒規定に「無断欠勤一四日で懲戒解雇」と書かれているのをよく見かけます。

実はここだけの話、連絡がつかない社員を正式な形で懲戒解雇にするのはめちゃくちゃ煩雑な手続きが必要なのです。

行方不明の社員に「あなたを解雇します」と伝えるには「公示送達」という方法を使います。社員の最後の住所地を管轄する簡易裁判所で申立てをして、裁判所の掲示板に文書を掲示してもらい、さらに官報および新聞に少なくとも一回掲載します。最後に官報か新聞に掲載した日から二週間たったとき、社員に「あなたを解雇します」という意思表示が到達したものとみなされます。

その日からさらに三〇日経過してやっと解雇成立。

ね、面倒でしょう。

それに何より心配するんですよ。事故や事件に巻き込まれていないか、家で病死していないか。

日本の郵便は八二円で全国ネットです。話したくない事情もあるでしょう。気に入らないことがあるかもしれません。それでも、一つだけ声を大にして言いたい。

退職届をください。

そしたらあとは社会保険労務士がなんとでもいたします。

エピローグ

本書を最後まで読みすすめていただいてありがとうございます。
私は本当にマルチタスクが苦手で、一回にひとつのことしかできません。業務を始めてしまうと、ほかのことが手につかないせいで、この本を書くのにも一年以上かかってしまいました。関係各位には謝るしかありません。

ごめんなさい。

そんなわけなので、私の事務所は広告をうったこともありませんし、最近までホームページもありませんでした。全国ネットでクライアントを募って、たくさんの仕事を同時進行するとかは自分には向いていません。

やれません。

「そんなことで、どうやって開業してから暮らしてきたんですか？」と聞かれることがありますが、ただ依頼があった仕事を普通に真面目に一つ一つやり続けてきただけなので、スゴイ技とかあるはずもなく……。だから、私が人に伝えるべきことがあるのか。後ろ向き全力疾走な私の思考では

出版なんて夢のまた夢。

ところが、人にはターニングポイントってあるものなんですね。私の場合は病気でした。

二〇一五年四月に受けた人間ドックで異常が見つかり、ほどなく医師から

「甲状腺にガンがあります」

と宣告されます。ガンってどういうこと？　甲状腺ってどこ？　どうやって治療するの？　進行がゆっくりの比較的穏やかなガンで、手術すればなんでもない状況だったんですが、それでもやっぱり色々考えました。

仕事を休まないといけないし、喉にメスをいれるのはどうなのか、今思えば本当に笑い話なんですが、

死んだらどうしよう（涙）

私、このままでいい？　「社労士職人」で暮らしていくの？　死ぬまで？？　「最期」を意識し始めたら、人は焦る。

今できることは何？　と思ったら、休めたのは手術の日と翌日だけ。三日目からベッドの上で仕事を再開。退院の日から出勤。翌日にはクライアントと打ち合わせしていました。

本を読んで勉強する。体が動くようになって研修に行く。外国を見てまわる。事情が許せば人に会いに行く。

そんな中で出会ってしまうのです。大谷由里子さんの

「講師塾」

に。塾の講師ならわかるけど、「講師の塾」とは何だ？「突然、講師を頼まれたら、それはチャンス！」ですって。「またまたぁ、ご冗談でしょう。なんとか無難にお伝えすべきことをお伝えして、お役を果たすのが講師でしょ」と以前の私なら思っていた。

大谷さんのプロフィールも私を萎縮させるに十分でした。「故・横山やすし氏の伝説マネージャー？　吉本興業の人？　芸能界？　住む世界が違うよね」……ただ、なんやかんやで私のほうも、いつもと違う世界を生きてたんですね。再び体調が悪くなったら機会はなくなるかもしれません。

会うべき人には会うべきタイミングで会う。

えいや！　で、「講師塾」に行ってみた。大谷さんに会ってみた。大谷さんは笑ってた。「そう！」「ええやん！」「おもろいおもろい！」を連発して（すみません、もちろんそれだけじゃないですよ）。自分を振り返って掘り起こし、ネタを作って、人前に立って話をして、ほかの人の話も聞いて「へぇ」「ほぉ」と思いながら、「そう！」「ええやん！」と大谷さんに言われ続けてたら、なんかその気になってくる。

もしかして、私の話にも価値がある？

調子に乗る。波に乗る。「そっかぁ、私には今まで手を上げて言うほどのことがどうかの勇気がなかっただけで、伝えたいこと、知ってもらえば誰かの役に立つことがある……のかも」ということでできたのがこの本です。

評価は他人。人に言ってもらわないと分からないことってある。

そして、誰と会うのかは自分自身の選択。出会いって偶然のように見えて実は必然。自分が一歩踏み出して求めたからこそ出会えた。

本も同じ。手に取っていただいたのは偶然ではない。

ご自身の会社に解決すべき課題を抱えておられたか、「働き方改革」関連の法改正で労務管理に興味を持っていただいたのか、全くタダナントナクだったかは分かりませんが、それでも選んで出会っていただきました。ありがとうございます。

出会うべくして出会いました。「へぇ」「ふぅん」だけで終わったらもったいない。不器用な私が一冊本を書き上げられたのと同様に、皆様の職場で何かひとつでも、

事実を変える、事実が変わる

ことを願っています。

本書を通じて、会社を経営されている方や人事部・総務部で労務管理の最前線におられる皆様のお悩みにお応えしつつ、読者の皆様ご自身の「働き方改革」に寄与できましたら幸いです。

守秘義務がありますので社名こそ出せませんが、二〇年間でかかわっていただきま

した全てのクライアント企業の皆様、出版のきっかけを作っていただいた大谷由里子様、家事がどうでも、法人の会計を遅延させても温かく「放置」していただいたパートナー井上明博様、かかわっていただいた全ての皆様、そして、不器用な私に一年以上伴走していただいた株式会社ロングセラーズの真船壮介様、富田志乃様に感謝いたします。

二〇一九年二月　　　　社会保険労務士　松井　一恵

就業規則は難しくない

あったらいいと分かっていても作るのが難しそうな就業規則。ですが、従業員が常時一〇名以上になれば就業規則の作成義務（労働基準法第八九条）が生じます。

そこで、就業規則について基本的な事項をご紹介しておきたいと思います。


（就業規則とは）

就業規則とは使用者（会社）が従業員の賃金、労働時間、服務規律（このように仕事をしてほしいという約束事）を定めたものです。

（記載する事項について）

就業規則は必ず書いておかなければならないこと（絶対的必要記載事項）と決めたら書かなければならないこと（相対的必要記載事項）と、企業理念や社是など書いても書かなくてもいい事項（任意的記載事項）から成り立っています。企業単位ではなく事業場（支店や営業所）単位で作成しなければなりません。

労働基準法第八九条によれば、

〈絶対的必要記載事項〉

1. 始業及び終業の時刻、休憩時間、休日、休暇並びに労働者を二組以上に分けて交替に就業させる場合においては就業時転換に関する事項
2. 賃金（臨時の賃金等を除く。以下この号において同じ）の決定、計算及び支払の方法、賃金の締切り及び支払の時期並びに昇給に関する事項
3. 退職に関する事項（解雇の事由を含む）

〈相対的必要記載事項〉

1. 退職手当に関する事項
2. 臨時の賃金（賞与や慶弔金）等（退職手当を除く）及び最低賃金額の定めに関する事項
3. 労働者に食費、作業用品その他の負担をさせる場合、これに関する事項

4. 安全及び衛生に関する事項
5. 職業訓練に関する事項
6. 災害補償及び業務外の傷病扶助に関する事項
7. 表彰及び制裁に関する事項
8. 事業場の従業員すべてに適用される決めごとに関する事項

となっています。

（様式について）

様式については、厚生労働省のホームページにある「モデル就業規則」を参考にされると良いかと思います。

https://www.mhlw.go.jp/stf/seisakunitsuite/bunya/koyou_roudou/roudoukijun/zigyonushi/model/index.html

英語版、中国語版、ポルトガル語版、ベトナム語版も雛形が掲載されています。

もちろん、社会保険労務士に依頼してオーダーメイドすることもできます。

（注意すべきこと）

注意しておくべきことを何点か上げておきます。

1. 「制裁」の規定がなければ、社員を懲戒処分することはできません。何をしたら懲戒になるかが予め分からないと社員は安心して働けません。こういうことをした場合このような処分があるということを示しておく必要があります。これは就業規則の作成義務がない従業員が一〇人未満の会社も例外ではありません。何らかの処分をする可能性がある場合は就業規則を作成した上で「制裁」の規定を定めておく必要があります。

2. 労働基準法に反する事項、あるいは法律の基準に満たない事項を定めてもその部分は無効となり法律の水準が優先されます。たとえば、就業規則で「有給休暇は付与しない」と定めても労働基準法では「勤続六カ月、出勤率八〇%を達成すればフルタイム勤務の者は一〇日付与」ですから、こちらが優先となります。

3. 必ず社員に周知しましょう。就業規則は社員に周知して初めて効力を有します。周知の方法は「常時各作業場の見やすい場所へ掲示し、又は備え付けること、書面を交付すること、その他の厚生労働省令で定める方法（パソコンにファイルを保存しいつでも見られるようにしておく等）によって、労働者に周知させなければならない」と決まっています。

（意見聴取と届出について）

作成、周知した就業規則は事業場を管轄する労働基準監督署へ届出します。原則、事業場ごとの届け出となりますが、支店や営業所など就業規則が本社と全く同じ内容である場合には、本社で一括して本社を管轄する労働基準監督署の署長経由で届け出ることも可能です。

届出の際に従業員代表の意見書を添付します。従業員代表とは「従業員の過半数で組織する労働組合がある場合にはその代表者、なければ従業員の過半数により選出された代表者」です。同意ではなく意見聴取の義務があるだけですので、反対意見があってもそのまま意見書を添付して差し支えありません。

以上の項目を押さえておけば、一定のレベルの就業規則を作成することはそれほど難しくありません。労働条件や社内の風土をどのようにしていくのか、今後どのような会社にしていきたいのかを考える好機としてとらえ、前向きに取り組みましょう。

各雇用関係助成金に共通の要件等

本書でご紹介したいくつかの助成金は、ベースとなる支給の要件があります。制度を明確にするため、ご紹介したいと思います。

【受給できる事業主】

以下のすべての要件を満たすことが必要です。

1　雇用保険適用事業所の事業主であること

2　支給のための審査に協力すること

（1）支給または不支給の決定のための審査に必要な書類等を整備・保管してい

ること
（2）支給または不支給の決定のための審査に必要な書類等の提出を、管轄労働局等から求められた場合に応じること
（3）管轄労働局等の実地調査を受け入れること など

3 申請期間内に申請を行うこと

【受給できない事業主】

次の1～7のいずれかに該当する事業主（事業主団体を含む）は、本書で取り扱った雇用関係助成金を受給することができません。

1 不正受給をしてから五年以内に支給申請をした事業主、あるいは支給申請日後、支給決定日までの間に不正 受給をした事業主

2 支給申請日の属する年度の前年度より前のいずれかの保険年度の労働保険料（雇用保険料、労災保険料、一般拠出金）を納入していない事業主

（支給申請日の翌日から起算して二カ月以内に納付を行った事業主を除く）

3 支給申請日の前日から起算して一年前の日から支給申請日の前日までの間に、

労働関係法令の違反があった事業主

4　性風俗関連営業、接待を伴う飲食等営業またはこれら営業の一部を受託する営業を行う事業主

※これらの営業を行っていても、接待業務等に従事しない労働者の雇い入れに係る助成金については、受給が認められる場合があります。

5　暴力団関係事業主

6　支給申請日または支給決定日の時点で倒産している事業主

7　不正受給が発覚した際に都道府県労働局等が実施する事業主名等の公表について、あらかじめ同意していない事業主

特に雇用保険料が助成金の財源となっています。労働保険料の滞納には注意してください。

不正受給については厳しいペナルティがあります。特に二〇一九年四月から不正受給対策の強化がはかられました。絶対に手を染めてはいけません。

1　受給前に不正が発覚した場合は不支給となります。不正受給の処分決定日から起算して五年間は雇用関係の助成金すべてが支給されません。

2　支給後に不正が発覚した場合は支給された助成金を返還しなければなりません。不正受給の処分決定日から起算して五年間は雇用関係の助成金すべてが支給されません。

3　不正受給が発覚した場合、事業所名が公表されることがあります。また、不正の内容によっては詐欺罪で告発されたケースもあります。

助成金の制度は毎年見直しがあります。本書は二〇一九年二月の時点での内容となっています。また、制度はあっても予算が終われば新規に支給されないものもあります。ご注意ください。

「ブラック企業」とゼッタイ言わせない
松井式 超！働き方改革

著　者　松井一恵
発行者　真船美保子
発行所　KK ロングセラーズ
東京都新宿区高田馬場 2-1-2　〒 169-0075
電話（03）3204-5161（代）　振替 00120-7-145737
http://www.kklong.co.jp

印　刷　中央精版印刷（株）
製　本　（株）難波製本

落丁・乱丁はお取り替えいたします。※定価と発行日はカバーに表示してあります。

ISBN978-4-8454-2435-1　　Printed In Japan 2019